essentials

essentials liefern aktuelles Wissen in konzentrierter Form. Die Essenz dessen, worauf es als „State-of-the-Art" in der gegenwärtigen Fachdiskussion oder in der Praxis ankommt. *essentials* informieren schnell, unkompliziert und verständlich

- als Einführung in ein aktuelles Thema aus Ihrem Fachgebiet
- als Einstieg in ein für Sie noch unbekanntes Themenfeld
- als Einblick, um zum Thema mitreden zu können

Die Bücher in elektronischer und gedruckter Form bringen das Expertenwissen von Springer-Fachautoren kompakt zur Darstellung. Sie sind besonders für die Nutzung als eBook auf Tablet-PCs, eBook-Readern und Smartphones geeignet. *essentials:* Wissensbausteine aus den Wirtschafts-, Sozial- und Geisteswissenschaften, aus Technik und Naturwissenschaften sowie aus Medizin, Psychologie und Gesundheitsberufen. Von renommierten Autoren aller Springer-Verlagsmarken.

Weitere Bände in dieser Reihe http://www.springer.com/series/13088

Christoph Mandl

Vom Fehler zum Erfolg

Effektives Failure Management
für Innovation und Corporate
Entrepreneurship

Christoph Mandl
Universität Hohenheim
Stuttgart, Deutschland

ISSN 2197-6708   ISSN 2197-6716   (electronic)
essentials
ISBN 978-3-658-18260-1   ISBN 978-3-658-18261-8   (eBook)
DOI 10.1007/978-3-658-18261-8

Die Deutsche Nationalbibliothek verzeichnet diese Publikation in der Deutschen National-
bibliografie; detaillierte bibliografische Daten sind im Internet über http://dnb.d-nb.de abrufbar.

Gedruckt auf säurefreiem und chlorfrei gebleichtem Papier

Springer Gabler ist Teil von Springer Nature
Die eingetragene Gesellschaft ist Springer Fachmedien Wiesbaden GmbH
Die Anschrift der Gesellschaft ist: Abraham-Lincoln-Str. 46, 65189 Wiesbaden, Germany

Was Sie in diesem *essential* finden können

- Wie Sie aus Misserfolg den Erfolg herleiten
- Übungen zur Selbstevaluation Ihres Fehler-Mindsets und der Fehlerkultur in Ihrem Unternehmen
- Konkrete Handlungsempfehlungen für den Umgang mit Misserfolg zur Förderung von Innovation und Corporate Entrepreneurship

Inhaltsverzeichnis

1 Misserfolg und Erfolg gehen Hand in Hand 1

2 Das Kontinuum des Misserfolgs 3
   2.1 Fehler sind temporäre Ereignisse 3
   2.2 Scheitern ist Kopfsache 4

3 Die Bedeutung von Misserfolg für Innovation und Corporate Entrepreneurship 7
   3.1 Die Beziehung von Misserfolg und innovativem bzw. unternehmerischem Denken und Handeln 8
   3.2 Misserfolg ist eine Vorbedingung des Erfolgs 9

4 Von der persönlichen Haltung zu Misserfolg zur Fehlerkultur 11
   4.1 Persönliche Einstellung zu Fehlern 11
   4.2 Übung zur Selbstevaluation Ihres Fehler-Mindsets 15
   4.3 Fehlerkultur 20
   4.4 Übung zur Ermittlung der Fehlerkultur 25

5 Effektives Failure Management für Innovation und Corporate Entrepreneurship 29
   5.1 Machen Sie Misserfolg sichtbar und akzeptiert 30
   5.2 Bereiten Sie sich auf Misserfolg vor 32
   5.3 Lösen Sie sich von der Angst vor Fehlern, indem Sie experimentieren 34
   5.4 Tritt der Misserfolg ein, handeln Sie lösungsorientiert 36

5.5   Klammern Sie in der Bewertung von Misserfolg die beteiligten
      Personen strikt aus 38
5.6   Handeln Sie angemessen und richten Sie den Blick nach vorn 42
5.7   Machen Sie Misserfolg zu einem Bestandteil Ihrer
      Unternehmenskultur. 44

Literatur. 49

Misserfolg und Erfolg gehen Hand in Hand

1

Niemand möchte Misserfolg erleben und schon gar nicht diesen absichtlich produzieren. Dennoch unterlaufen uns täglich kleine und große Fehler, insbesondere wenn wir uns an Neuem oder bislang Unerprobtem versuchen. Abhängig von ihrem jeweiligen Ausmaß, können sie die Karriere der daran beteiligten Mitarbeiter und Führungskräfte deutlich beschädigen – gerade vor dem Hintergrund einer Kultur der Nullfehlertoleranz. Doch aus Misserfolg kann in der Folge auch Positives erwachsen, sofern aus Fehlern die richtigen Schlüsse und Konsequenzen gezogen werden. Führungskräften kommt hier eine besondere Verantwortung zu, denn ihr Umgang mit Misserfolg beeinflusst wiederum das Verhalten ihrer Mitarbeiter. Von besonderem Interesse im Rahmen dieses *essentials* ist daher, welche Maßnahmen bzw. Strategien Führungskräfte ergreifen können, um trotz der negativen Konsequenzen von Misserfolgen exploratives Verhalten zu fördern und eine positiv ausgerichtete Fehlerkultur im eigenen Unternehmen zu etablieren.

Wie ich aus meinen Gesprächen und Workshops mit Führungskräften bestätigen kann, ist vielen die Alltäglichkeit und Bedeutung von Misserfolg durchaus bewusst. Dennoch findet ein offener Umgang mit diesem Thema viel zu selten statt. Oftmals wird der Misserfolg ausgeblendet, klein geredet, verschwiegen oder im schlimmsten Fall sogar vertuscht. Dies hemmt Veränderung und Innovation und erschwert die Verbreitung von Lernerfahrungen im Unternehmen. Interessanterweise existieren jedoch in der Praxis vereinzelte Ansätze, um den Umgang mit Misserfolg zu verbessern und eine positiv ausgerichtete „Kultur der zweiten Chance" im eigenen Unternehmen zu verankern. Durch zahlreiche Gespräche mit erfahrenen Managern aus der Praxis sowie auf Basis meiner eigenen Forschungsprojekte konnte ich diese vereinzelten Maßnahmen und Strategien bündeln und verdichten, um Führungskräften konkrete Handlungsempfehlungen geben zu

© Springer Fachmedien Wiesbaden GmbH 2017
C. Mandl, *Vom Fehler zum Erfolg,* essentials,
DOI 10.1007/978-3-658-18261-8_1

können, wie sich Misserfolg zur Leistungssteigerung einsetzen lässt. Die wichtigsten Ergebnisse lassen sich wie folgt zusammenfassen:

- **Kontinuum des Misserfolgs:** Eine organisationsweite, einheitliche Fehlerkultur existiert nicht. Vielmehr können in einem Unternehmen parallel mehrere Fehlerkulturen vorherrschen, die sich in der kollektiven Einstellung zu Misserfolg im Bewusstsein von Führungskräften und Mitarbeitern bestimmter Abteilungen oder Funktionsbereiche manifestieren. Dieses Kontinuum reicht von einer offenen Haltung gegenüber dem Misserfolg (wie sie beispielsweise oftmals im Innovationsbereich vorzufinden ist) bis hin zu einer Nullfehlerwartung bzw. -toleranz, beispielsweise in der Fertigung. Beide Extrempunkte des Kontinuums erfordern unterschiedliche Managementansätze. Beide benötigen jedoch auch eine funktionierende Fehlerkultur.
- **Managementansätze:** Während meiner Untersuchungen konnte ich zahlreiche Ansätze zum effektiven Management von Misserfolg identifizieren. Diese lassen sich drei Schwerpunkten zuordnen: Vorbereitung, Umgang mit Fehlern und Nachbereitung.
- **Konkrete Stellschrauben:** Zu jedem dieser drei Schwerpunkte konnte ich konkrete Handlungsempfehlungen entwickeln, um Führungskräften Maßnahmen und Strategien an die Hand zu geben, wie sie Misserfolg zur Leistungssteigerung einsetzen können. Zu den möglichen Stellschrauben zählen Führungskräfteverhalten, Rituale und Routinen, Symbole und Geschichten. Sie sind besonders dazu geeignet innovatives bzw. unternehmerisches Denken und Handeln im eigenen Unternehmen zu fördern.

Das Kontinuum des Misserfolgs 2

Wir bewundern erfolgreiche Persönlichkeiten. Gerne möchten wir von ihnen lernen wie sie erfolgreich wurden, um dadurch selbst erfolgreich(er) zu werden. Diese Beobachtung lässt sich auch mit Zahlen belegen. Im Angebot eines online Buchhändlers sind beispielsweise über 40-mal mehr Bücher für Erfolg gelistet (29.462 Treffer) als für Misserfolg (710 Treffer) und immerhin noch knapp achtmal mehr als über den Umgang mit Fehlern (3950 Treffer). Wir beschäftigen uns also viel lieber mit Erfolg als mit Misserfolg und das ist in den meisten Fällen auch gut so. Denn Erfolg stärkt unser Selbstbewusstsein.

Die komplizierte Beziehung mit Misserfolg lässt sich auch an unserem Sprachgebrauch festmachen. Im Duden finden sich mehr als 30 Synonyme für den Begriff Fehler, teils bedeutungsschwer wie Scheitern oder Versagen und teils positiver belegt wie Fehlgriff oder Fauxpas. Um besser zu verstehen wo Ansatzpunkte für Maßnahmen und Strategien zum effektiven Umgang mit Fehlern (Failure Management) liegen können, ist es in einem ersten Schritt sinnvoll sich die Unterschiedlichkeit der Begriffe bewusst zu machen.

2.1 Fehler sind temporäre Ereignisse

Fehler werden als nicht beabsichtigtes bzw. unerwünschtes Ergebnis definiert (Reason 1990). Sie können als eine Abweichung von einem Ziel, im Einzelfall auch von einer Regel oder Norm, gesehen werden. Einen typischen Fehler begeht beispielsweise der Mitarbeiter in der Entwicklung, der vergessen hat, die nötigen Teile für einen Prototypen zu bestellen oder der Projektmanager, der die notwendigen Mittel unterschätzt hat, um ein Produkt zu entwickeln. Aber auch der Ingenieur macht einen Fehler, der ein Produkt geplant und entwickelt hat, das sich

© Springer Fachmedien Wiesbaden GmbH 2017
C. Mandl, *Vom Fehler zum Erfolg*, essentials,
DOI 10.1007/978-3-658-18261-8_2

als nicht markttauglich erwiesen hat. Diese Beispiele eint, dass die jeweiligen Gründe für den Fehler potenziell vermeidbar waren, d. h. die beteiligten Personen haben an der Entstehung aktiv oder durch Unterlassen mitgewirkt.

Fehler sind jedoch nur selten direkt auf eine Ursache oder Person zurückzuführen. Vielmehr existieren in der Praxis Fehlerketten, die aus persönlichen und/ oder systemischen Komponenten bestehen. Hat der Ingenieur beispielsweise ein fehlerhaftes Produkt nur deswegen entwickelt, weil sie oder er zu wenig Budget oder Ressourcen zur Verfügung hatte (systemisch) oder aufgrund mangelnder Kompetenz und Fähigkeit (persönlich)? Wie Fehler verortet werden hat eine große Bedeutung für deren Konsequenzen. Gerade wenn die Ursache nicht genau präzisiert werden kann, fällt es den Beteiligten vielfach leichter Verantwortlichkeit einfach weg zu diskutieren oder auf spezielle Umstände zu schieben als sich damit konstruktiv auseinander zu setzen und auf die eigentliche Fehlerbehebung zu konzentrieren.

Mindestens genauso bedeutsam ist, dass Fehler nicht pauschal als negativ gelten dürfen. Denn Fehler können in der Folge auch positive Konsequenzen mit sich bringen. Fehler haben eine Feedbackfunktion, da sie ein Signal geben, dass etwas nicht oder nicht mehr funktioniert. Sie ermöglichen es den Beteiligten aus dem Geschehenen zu lernen und können zu höherer Durchsetzungsfähigkeit und Hartnäckigkeit führen. Zugegebenermaßen sind die negativen Fehlerkonsequenzen oftmals wesentlich präsenter. Fehler führen unter anderem zu finanziellen und zeitlichen Verlusten, z. B. in Form von Projektverzögerungen, entgangenen Bonuszahlungen, Schädigungen der Reputation der Beteiligten oder fehlerhaften Produkten. Unabhängig von der Art der Konsequenz, fühlen sich die beteiligten Mitarbeiter schuldig, deprimiert und haben womöglich Angst vor den persönlichen Konsequenzen.

> ▶ **Auf den Punkt** Fehler sind temporäre Ereignisse in Form einer Zielabweichung. Sie zeigen Risikobereitschaft an und bieten die Möglichkeit daraus zu lernen, sofern wir aus Fehlern die richtigen Schlüsse und Konsequenzen ziehen.

2.2   Scheitern ist Kopfsache

Jeder Mitarbeiter, ganz gleich welcher Hierarchieebene, begeht täglich kleine und große Fehler. Oder genauer gesagt: Fehler mit geringen und großen Konsequenzen. Doch nicht jeder Fehler führt zugleich zum Scheitern, gleichwohl dem Scheitern immer auch ein oder mehrere Fehler vorangehen. Ob nun Fehler auch

Scheitern bedeuten, lässt sich zum einen durch die nachträgliche Bewertung der ursprünglichen Zielsetzung festmachen. Während Fehler als reine Zielabweichung gesehen werden können, liegt Scheitern erst dann vor, wenn es unmöglich geworden ist die ursprünglich gesetzten Ziele noch zu erreichen.

Darüber hinaus können wir nur dann vom Scheitern sprechen, wenn die Nichterreichung eines Ziels eng mit dem eigenen Selbstbild bzw. der Identität einer Person verknüpft ist (Thomann et al. 2016). Besteht keine Verbindung zwischen einem negativen Ereignis und der eigenen Identität kann man auch nicht scheitern und es bleibt vermeintlich ein Fehler. Der Mitarbeiter aus der Entwicklungsabteilung scheitert eben dann, wenn absolute Zuverlässigkeit und Fehlerfreiheit fester Bestandteil seiner Identität sind und das Vergessen der Teilebestellung für den Prototyp dieses Selbstbild gefährdet (graduelles Scheitern) oder gänzlich zerstört (absolutes Scheitern). Ist diese Verknüpfung aus Sicht des Mitarbeiters nicht gegeben, dann ist er auch nicht gescheitert.

An dieser Stelle offenbart sich auch die Bedeutung der Perspektive, aus der wir auf ein bestimmtes Ergebnis blicken (Kibler et al. 2017). Denn eine nachträgliche Bewertung erfolgt neben der persönlichen immer auch aus der sozialen Sichtweise. Der Projektmanager, der die notwendigen Mittel für eine Produktentwicklung unterschätzt hat, kann für Außenstehende als gescheitert gelten. Gerade wenn die effektive und erfolgreiche Projektdurchführung eng mit deren Bild seiner Person verbunden ist. Dementsprechend muss er unter Umständen mit einer nachhaltigen Schädigung seiner Karriere rechnen bzw. damit, dass er von seinem Umfeld den Stempel des Scheiterns aufgedrückt bekommt. Der Projektmanager selbst kann die gescheiterte Produktentwicklung unter Umständen anders bewerten. Er begreift diese Situation als wertvolle Lernerfahrung, da er aus diesem Projekt gelernt hat wie man eine effizientere Produktentwicklung durchführt. Paradoxerweise kann dies aber in der Folge dazu führen, dass sein soziales Umfeld dies nicht honoriert, sondern ihn dafür stigmatisiert. Im Umkehrschluss kann demnach auch ein für Außenstehende vermeintlich kleiner Fehler gleichzeitig das Scheitern des Einzelnen bedeuten.

▶   **Auf den Punkt** Scheitern ist eine nachträgliche, subjektive Bewertung von Fehlern und eine Denkweise, die eng mit dem Selbstbild bzw. der Identität einer Person verknüpft ist. Scheitern signalisiert Resignation und bietet daher auch keine Möglichkeit zur Verbesserung aus Lernerfahrungen.

Die Bedeutung von Misserfolg für Innovation und Corporate Entrepreneurship 3

Das Beispiel des Projektmanagers gibt bereits einen ersten Hinweis darauf, wie wichtig nicht nur die Perspektive ist, aus der wir auf Misserfolg blicken, sondern auch die Bewertungsmaßstäbe, die wir an ein bestimmtes Ergebnis anlegen. Insbesondere wenn wir von innovativem und unternehmerischem Denken und Handeln sprechen, finden wir dabei in der Praxis Fehler, welche sich in der nachträglichen Bewertung als Erfolge herausstellen. Auch anfängliches Scheitern kann bedeuten, dass nach einiger Zeit die positiven Aspekte, wie Lernerfahrungen des Projektmanagers, die negativen Konsequenzen überkompensieren.

Dieser sog. „Fehlschlag" ist im Kern ebenfalls als Fehler im Sinne einer Zielabweichung zu sehen. Im Gegensatz zum Scheitern machen Fehlschläge als „positive Misserfolge" jedoch eine Person, eine Abteilung oder auch das ganze Unternehmen erfolgreicher. Dies liegt zum einen daran, dass sie uns Rückmeldung darüber geben, weshalb ein bestimmter Ansatz nicht funktioniert und uns somit der Lösung einen Schritt näher bringen. Zum anderen werden Fehlschläge durch eine Änderung der Bewertungsmaßstäbe bzw. Zielvorgaben zum Erfolg. Es existieren mit der Erfindung des Penicillins oder der Post-its prominente Beispiele, wie Fehlschläge eine Änderung der Bewertungsmaßstäbe bedingen und letztlich zum Erfolg werden. Würden stattdessen negative Ergebnisse stets als Erfolg verkauft oder durch absichtliches Leugnen oder Verdrehen der Tatsachen aus Angst kaschiert werden nimmt man sich die Chance auf ein positives Ergebnis trotz eines Misserfolgs.

© Springer Fachmedien Wiesbaden GmbH 2017
C. Mandl, *Vom Fehler zum Erfolg*, essentials,
DOI 10.1007/978-3-658-18261-8_3

3.1   Die Beziehung von Misserfolg und innovativem bzw. unternehmerischem Denken und Handeln

Fehler werden erst im Nachhinein durch die persönliche oder soziale Bewertung zum Scheitern oder auch zum Erfolg. Dabei kann Misserfolg für große Unternehmen ganz andere Auswirkungen haben wie für junge Unternehmen. Junge Unternehmen sind in der Regel neu am Markt, Entscheidungen werden sehr stark vom Gründer selbst geprägt und im Gegensatz zu etablierten Unternehmen fehlen Beständigkeit, Routinen und Erfahrung. Dadurch treten Fehler nicht nur häufiger auf, sondern fallen auch stärker ins Gewicht, da sie das Fortbestehen eines jungen Unternehmens gefährden können.

Auch in großen Unternehmen kann Misserfolg zu schwerwiegenden Konsequenzen führen. Große Unternehmen neigen jedoch vielmehr zur Selbstüberschätzung – man ist sprichwörtlich „too big to fail". Mitarbeiter und Führungskräfte sind vielfach nicht dazu bereit Risiken einzugehen, da sie vor allem Angst davor haben die eigene Karriere zu beschädigen. Etablierte Unternehmen begnügen sich daher in der Regel mit inkrementellen Innovationen und übersehen dabei, dass radikale Ansätze erforderlich sind, um das Unternehmen für die Zukunft wettbewerbsfähig zu machen.

Innovativ bzw. unternehmerisch zu denken und zu handeln bedeutet neue Wege zu gehen und Veränderungsprozesse im Unternehmen eigenständig anzustoßen, auch wenn das Ergebnis des Handelns ungewiss und mit Risiko verbunden ist. Was erfolgreiche Unternehmen auszeichnet ist eine besondere Denkweise, deren Prinzipien unter dem Begriff „Effectuation" zusammengefasst werden (Sarasvathy 2008). Im Kern zielt dieser Ansatz darauf ab, dass Ungewissheit gemeistert werden muss, um auch in Zeiten steigender Aufgabenkomplexität handlungsfähig zu bleiben. Ungewissheit wird daher in Chancen gewandelt, indem die Zukunft durch eigenes Handeln proaktiv gestaltet wird. Dies schließt die Möglichkeit des Misserfolgs mit ein, wobei dieser nicht als Versagen gewertet wird, sondern als wertvolle Lerngelegenheit.

▶   Vor diesem Hintergrund offenbaren sich die Anknüpfungspunkte von effektivem Failure Management für innovatives bzw. unternehmerisches Denken und Handeln an mehreren Stellen:

- Zum einen gilt es die Angst der Mitarbeiter und Führungskräfte vor den Konsequenzen von Misserfolg zu minimieren, damit sich niemand davon lähmen lässt sich proaktiv an Neuem oder bislang

Unerprobtem zu versuchen. Erst dann kann kreatives bzw. innovatives Potenzial entdeckt und genutzt werden.

- Zum anderen kann Misserfolg vielfach der Ursprung für Innovation und Lernerfahrungen sein. Daher gilt es Fehler frühzeitig zu identifizieren und zu analysieren, um das Potenzial für Verbesserungen abschätzen zu können.
- Innovationen sind immer fehleranfällig. Damit Fehler jedoch keine negativen Auswirkungen für die Beteiligten oder das Unternehmen als Ganzes haben, müssen sie schnellstmöglich entdeckt und behoben werden.

An dieser Stelle sollte Failure Management für Innovation und internes Unternehmertum ansetzen und den Schwerpunkt insbesondere auf den Umgang mit Misserfolg legen. Dieser Ansatz beruht demnach auf der Einsicht, dass Fehler passieren und legt den Schwerpunkt auf die Identifikation von Strategien zum Umgang mit Misserfolg – bevor, während und nachdem er aufgetreten ist. Richtig angewandt, ermöglicht effektives Failure Management somit die Etablierung einer positiv ausgerichteten Fehlerkultur, die Innovation und unternehmerisches Denken und Handeln fördert und letztlich das gesamte Unternehmen erfolgreicher macht.

▶ Ziele von Failure Management für Innovation und Corporate Entrepreneurship:

- Förderung explorativen Verhaltens
- Effektiver Umgang mit Misserfolg
- Schaffung und Verbreitung von Lernerfahrungen

3.2   Misserfolg ist eine Vorbedingung des Erfolgs

Insbesondere in der Gründerszene aber auch im Innovationsbereich sind Aussprüche wie „If you want success – double your failure rate" („Willst Du Erfolg – verdoppele deine Misserfolgsrate)" oder „Fail fast, fail cheap" („Scheitere schnell, scheitere günstig") weit verbreitet. Natürlich sind das nur Redewendungen. Ihr Wahrheitsgehalt lässt sich jedoch mit Ergebnissen akademischer Forschung untermauern. In 2015 habe ich zusammen mit Andreas Kuckertz und Martin Allmendinger eine groß angelegte Studie zum unternehmerischen Scheitern durchgeführt (Kuckertz et al. 2015).

Ziel dieser Studie war es herauszufinden, wie tolerant man in Deutschland dem Scheitern gegenübersteht und ob es Unterschiede in der Wahrnehmung und Bewertung von Misserfolg gibt. Dabei konnten wir zeigen, dass junge, besser ausgebildete und besser verdienende Personen dem unternehmerischen Scheitern positiv gegenüber eingestellt sind, d. h. Toleranz für Misserfolg findet man vorwiegend bei den Erfolgreichen. Und erfolgreiche Personen sind natürlich nicht tolerant, weil sie besonders gnädig oder nachgiebig oder vielleicht sogar naiv sind. Sie sind tolerant, weil sie aus eigener Erfahrung wissen, dass Scheitern Vorbedingung des Erfolgs ist.

Zu einem ähnlichen Ergebnis kommt auch eine Studie aus der Organisationspsychologie, die sich mit dem Einfluss eines gut ausgestalteten „Error Managements" auf den Erfolg eines Unternehmens beschäftigt hat (van Dyck et al. 2005). Dabei zeigt sich über mehrere Länder hinweg, dass die Art und Weise wie Fehler betrachtet und bewertet werden und wie mit Fehlern im Alltag umgegangen wird zentralen Einfluss auf die Leistungsfähigkeit eines Unternehmens haben. Misserfolg wird also über ein gut ausgestaltetes Management in Erfolg übersetzt. Dies spiegelt sich beispielsweise darin wieder, dass Unternehmen, die konstruktiv mit Fehlern umgehen, ihre strategischen Ziele besser erreichen und eine höhere Überlebensrate sowie Gesamtkapitalrentabilität aufweisen als Unternehmen mit einem vermehrt destruktiven Umgang mit Misserfolg. Darüber hinaus ist davon auszugehen, dass der Umgang mit Misserfolg auch einen maßgeblichen Einfluss auf Qualitätsstandards, Innovationspotenzial, Produktivität sowie die Wettbewerbsfähigkeit einer Organisation besitzt. Daher stellt sich die Frage, welche Maßnahmen und Strategien ein Unternehmen ergreifen kann, um aus Misserfolg den Erfolg herleiten zu können.

Von der persönlichen Haltung zu Misserfolg zur Fehlerkultur 4

Wie aus dem vorangegangenen Abschnitt deutlich wurde, müssen wir „gute" Fehler, die uns besser machen, von „schlechten" Fehlern unterscheiden, bei denen dies nicht der Fall ist. Bevor wir uns jedoch die Frage stellen, wie man mittels Failure Management aus Misserfolg den Erfolg herleiten kann, ist es lohnenswert genauer hinzusehen, wie sich Misserfolg auf die Beteiligten auswirkt (vgl. Abb. 4.1). Eng damit verknüpft ist auch die Fehlerkultur eines Unternehmens. Sie bildet das soziale Gerüst, in welchem Failure Management stattfindet. Die Maßnahmen und Strategien zum effektiven Umgang mit Fehlern und die Fehlerkultur einer Organisation sind nicht voneinander zu trennen, sondern beeinflussen sich wechselseitig. Dies betrifft gleichermaßen die Zeit vor, während und nach einem bestimmten Ereignis. Ein effektiver Umgang mit Misserfolg setzt also voraus, dass man beide Komponenten im Blick behält und ein Verständnis für ihr Zusammenwirken entwickelt.

4.1 Persönliche Einstellung zu Fehlern

Jede Person geht anders mit Misserfolgen um, d. h. sie besitzt ein individuelles *Fehler-Mindset* (vgl. Abb. 4.1). Grundlegend an diesem Konzept ist es, dass kein Baustein isoliert betrachtet werden kann. Alle zusammen greifen wie ein Uhrwerk ineinander, beeinflussen sich gegenseitig und bestimmen somit gemeinsam den Umgang einer Person mit Misserfolgen, beispielsweise in Form der persönlichen Belastung durch Misserfolg, dem Sammeln von Lernerfahrungen oder bestimmten Handlungen. Diese können aber keinesfalls klar voneinander abgegrenzt werden. Vielmehr sind sie eng miteinander verknüpft und können sich gegenseitig verstärken oder abschwächen.

© Springer Fachmedien Wiesbaden GmbH 2017
C. Mandl, *Vom Fehler zum Erfolg*, essentials,
DOI 10.1007/978-3-658-18261-8_4

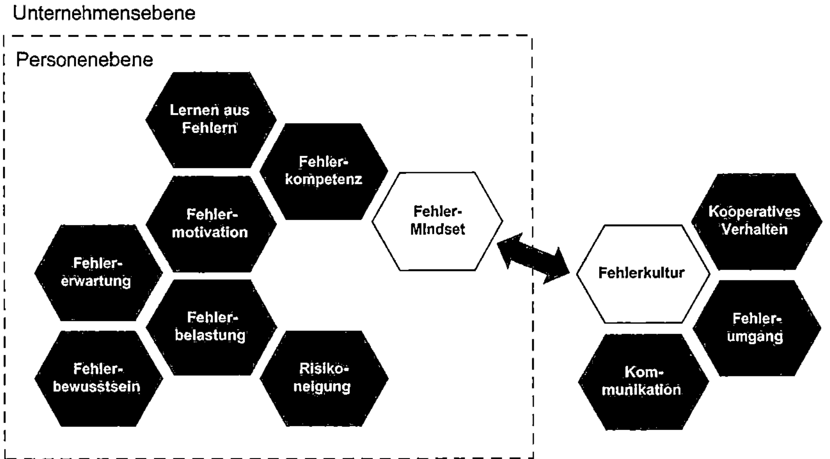

Abb. 4.1 Fehler-Mindset und Fehlerkultur

Fehlererwartung

Den Ausgangspunkt des persönlichen Fehler-Mindsets bildet die *Fehlererwartung*. Diese beruht auf der Einsicht einer Person, dass Misserfolge im Rahmen von bestimmten Handlungen eintreten könnten oder nicht. Innovativ bzw. unternehmerisch zu denken und handeln, insbesondere vor dem Hintergrund eines ungewissen Ausgangs, schließt auch die Möglichkeit des Misserfolgs mit ein. Dies bereits im Vorfeld zu akzeptieren ist folglich eine wesentliche Eigenschaft für den effektiven Umgang mit Misserfolg und reduziert im Nachgang auch die Fehlerbelastung. Gerade bei Handlungen mit einer Nullfehlererwartung können wir von Fehlern überrascht werden, was im Nachhinein auch zu einer höheren Fehlerbelastung führen kann.

Fehlerrisikoneigung

Eng mit der Fehlererwartung verknüpft ist die *Fehlerrisikoneigung*, d. h. die Bereitschaft einer Person einen Fehler zu riskieren bzw. im Extremfall mit dem eigenen Vorhaben zu scheitern. In diesem Zusammenhang ist insbesondere die Angst vor Misserfolg zu beachten. Sie führt oftmals zu einer erheblichen Handlungseinschränkung, gerade wenn Personen alles daran setzen Fehler bereits im

Vorfeld zu verhindern. Dadurch werden nicht nur Entscheidungsprozesse stark verlangsamt. Im schlimmsten Fall führt die Angst auch dazu, dass innovative Projekte nicht gestartet werden.

Natürlich ist Angst ein Urinstinkt, der uns schützen kann und in der Natur unser Überleben sichert. Paradoxerweise ist es aber auch diese Angst, die uns zurückhält mit neuen Initiativen zu beginnen und wiederum zu jenem Scheitern führen kann, vor dem wir uns so sehr fürchten. Die Neigung einer Person dazu Fehler zu riskieren ist jedoch keinesfalls mit unreflektierter Risikoübernahme gleichzusetzen. Analog zur Angst vor Fehlern kann eben auch das andere Extrem zu negativen Konsequenzen führen. Es gilt also die richtige Balance zu finden, indem man Risiken bewusst eingeht und gegebenenfalls vorab abmildert.

Fehlerbewusstsein

Während die vorangegangenen Bestandteile des Fehler-Mindsets ihre Wirkung insbesondere vor dem eigentlichen Misserfolg entfalten, stellt das *Fehlerbewusstsein* auf den Zeitpunkt ab, an dem der Misserfolg auch tatsächlich eingetreten ist. Im Kern erlaubt das Fehlerbewusstsein einer Person sich selbst zu reflektieren, den Grund für den Misserfolg zu identifizieren und zu versuchen das Geschehene zu verarbeiten. Bei einem schwachen Fehlerbewusstsein kann es dazu führen, dass Fehler ignoriert, weggeschoben oder im extremen Fall vertuscht werden. Aber auch ein starkes Fehlerbewusstsein ist in der Regel nur bedingt vorteilhaft, da es zu Selbstvorwürfen führen kann, die eine Person wiederum demotivieren.

Außerordentlich förderlich ist es sich den Nutzen von Misserfolg sowie die „Gefahren" des Ignorierens oder Vertuschens von Fehlern bewusst zu machen. Es gilt das Geschehene zu akzeptieren, da es ohnehin nicht mehr rückgängig zu machen ist. Außerdem sollten Fehler als Herausforderungen gesehen und die richtigen Konsequenzen daraus gezogen werden. Ein positiv ausgerichtetes Fehlerbewusstsein kann die Fehlerbelastung deutlich reduzieren, steigert die Lernerfahrungen und stärkt das Selbstbewusstsein wieder neue Vorhaben anzugehen.

Fehlerkompetenz

Fehlerkompetenz besitzt jene Person, die sich darüber bewusst ist, wie man ein negatives Ergebnis wieder beheben kann und auch darüber entscheidet auf welche Art und Weise die Fehlerbehebung erfolgen soll. In der Praxis muss dies nicht zwingend auch die Person leisten, die den Fehler auch begangen hat. Hier gilt zumeist die Devise „Je schwerwiegender ein Fehler, desto eher liegt die Fehlerkompetenz bei den Führungskräften". Sie sollten jedoch beachten, dass wenn der Verursacher den Fehler auch selbst beheben kann, dies in der Folge zu einer geringeren Fehlerbelastung führen kann.

Fehlerbelastung

Die *Fehlerbelastung* einer Person gibt Aufschluss darüber, wie anfällig eine Person für die negativen Folgen des Misserfolgs ist. Sie bestimmt sich aus den psychologischen, finanziellen und sozialen Auswirkungen des Misserfolgs. Abhängig vom Ausmaß des Fehlers, haben alle Beteiligten psychologische Konsequenzen zu erwarten. Diese offenbaren sich beispielsweise auf emotionaler Ebene: Mitarbeiter fühlen sich schuldig, sind deprimiert und haben Angst vor den negativen Konsequenzen. Die Beteiligten ziehen sich im Einzelfall erst einmal zurück und meiden den Kontakt mit den Kollegen.

Doch nicht nur psychologische Auswirkungen nach einem Misserfolg sind zu beachten. Gleichermaßen bedeutsam sind die sozialen und finanziellen Kosten. Kollegen gehen beispielsweise erst einmal auf Distanz. Die Betroffenen fühlen sich unter Beobachtung und ihre Arbeit wird von anderen kritisch überprüft. Auch finanzielle Konsequenzen sind sehr wahrscheinlich, beispielsweise im Hinblick auf den variablen Gehaltsanteil oder einer schlechteren Verhandlungsposition in den nächsten Gehaltsverhandlungen.

Das Ausmaß der Fehlerbelastung hat starke Auswirkungen auf die Motivation der betroffenen Personen, die Dauer der Erholungsphase aber auch auf die Art und Weise wie in Zukunft Entscheidungen getroffen werden. Die Erfahrung der Beteiligten mit Misserfolgen kann dabei helfen negative Erlebnisse leichter zu überwinden oder bei ausbleibendem Erfolg die negativen Konsequenzen von Fehlern massiv verstärken.

Lernen aus Fehlern

Aus Fehlern wird man klug, lautet eine gängige Redensart. Denn Misserfolg gibt Aufschluss darüber, welche Ansätze erfolgreich und zielführend waren und welche nicht. In gleicherweise wie positive Erfahrungen oder Ergebnisse eine Bestärkung existierender Denkweisen zur Folge haben können, stellt Misserfolg diese infrage. Um aus Fehlern zu lernen, ist es daher wichtig das Geschehene emotional und mental zu verarbeiten und genau zu ergründen, was zu einem bestimmten Ergebnis geführt hat. Wird dabei Misserfolg pauschal äußeren Umständen oder anderen Personen zugeschrieben, kann daraus nur bedingt etwas gelernt werden. Hier zeigt sich auch die Bedeutung einer positiv ausgerichteten Fehlerkultur. Wer aus Fehlern lernen möchte, benötigt auch ein Umfeld, welches dies ermöglicht und im besten Fall fördert. Gerade bei einer Fehlerkultur, in der Misserfolg stets als existenzielles Versagen dargestellt wird, verringern sich die Chancen des Lernens durch Misserfolg ganz erheblich.

Fehlermotivation

Abhängig davon wie Misserfolg interpretiert wurde, können daraus unterschiedliche Konsequenzen für die Beteiligten erwachsen (Mandl et al. 2016). Personen können unter anderem ihr Verhalten ändern oder die Art und Weise wie sie Entscheidungen treffen. Sie könnten zum Beispiel zögerlich agieren, wenn sie mit einer ähnlichen Situation konfrontiert werden. Sie könnten aber auch damit beginnen sich in Zukunft vor bestimmten Handlungen abzusichern oder sind gehemmt erneut mit einer Aufgabe zu beginnen. In der Praxis, sind vor allem zwei idealtypische Verhaltensweisen anzutreffen. Einerseits kann Misserfolg zu einer erhöhten Durchsetzungsbereitschaft bzw. Hartnäckigkeit führen. Diese Haltung herrscht dann vor, wenn Misserfolge eng mit dem Selbstbild bzw. der Identität einer Person verknüpft sind. Gerade bei wiederholten Rückschlägen besteht andererseits die Gefahr in eine Spirale der Hilflosigkeit zu geraten. Dann beginnen Führungskräfte oder Mitarbeiter schrittweise zu resignieren.

4.2   Übung zur Selbstevaluation Ihres Fehler-Mindsets

Nachfolgend finden Sie einen kurzen Selbsttest zur Evaluation Ihres ganz persönlichen Fehler-Mindsets. Beantworten Sie alle Fragen spontan und kreuzen Sie auf der vorgegebenen Skala das Ihrer Meinung nach Zutreffende an. Im Anschluss an die Befragung finden Sie Anweisungen zur Auswertung und Interpretation.

Selbsttest zur Evaluation des persönlichen Fehler-Mindsets

1. Wenn ein Fehler passiert, denke ich darüber nach, wie es dazu kommen konnte.

Stimme überhaupt nicht zu			Teils - teils			Stimme voll und ganz zu
1	2	3	4	5	6	7

2. Statt sich von Fehlern lähmen zu lassen sollte man öfter auch mal einen Fehler riskieren.

Stimme überhaupt nicht zu   Teils - teils   Stimme voll und ganz zu

1   2   3   4   5   6   7

3. Fehler geben Aufschluss darüber, was man besser machen kann.

Stimme überhaupt nicht zu   Teils - teils   Stimme voll und ganz zu

1   2   3   4   5   6   7

4. Fehler gehören zum Geschäftsleben mit dazu.

Stimme überhaupt nicht zu   Teils - teils   Stimme voll und ganz zu

1   2   3   4   5   6   7

5. Fehler führen auf lange Sicht gesehen zu positiven Ergebnissen.

Stimme überhaupt nicht zu   Teils - teils   Stimme voll und ganz zu

1   2   3   4   5   6   7

6. Wenn ein Fehler passiert, weiß ich in der Regel auch, wie man ihn wieder beheben kann.

Stimme überhaupt nicht zu   Teils - teils   Stimme voll und ganz zu

  1   2   3   4   5   6   7

7. Fehler motivieren mich, um es beim nächsten Mal besser zu machen.

Stimme überhaupt nicht zu   Teils - teils   Stimme voll und ganz zu

  1   2   3   4   5   6   7

Denken Sie nun an einen für Sie wesentlichen Misserfolg aus der Vergangenheit zurück und übertragen Sie die nachfolgenden Fragen auf diese Situation:

8. Mir war bereits im Vorfeld bewusst, dass Fehler auftreten werden.

Stimme überhaupt nicht zu   Teils - teils   Stimme voll und ganz zu

  1   2   3   4   5   6   7

9. Ich habe experimentiert bzw. nach originellen Lösungsansätzen gesucht anstatt Herangehensweisen zu wählen, die andere gewöhnlich in dieser Situation verwenden.

Stimme überhaupt nicht zu   Teils - teils   Stimme voll und ganz zu

  1   2   3   4   5   6   7

10. Ich habe den Fehler selbst korrigiert bzw. Lösungsvorschläge entwickelt, wie der Fehler wieder behoben werden kann.

Stimme überhaupt nicht zu   Teils - teils   Stimme voll und ganz zu

◯   ◯   ◯   ◯   ◯   ◯   ◯

1   2   3   4   5   6   7

11. Ich habe mit Freunden, Bekannten oder Kollegen über dieses Ereignis gesprochen.

Stimme überhaupt nicht zu   Teils - teils   Stimme voll und ganz zu

◯   ◯   ◯   ◯   ◯   ◯   ◯

1   2   3   4   5   6   7

12. Ich fand es schwierig mit den Folgen des Fehlers klar zu kommen.

Stimme überhaupt nicht zu   Teils - teils   Stimme voll und ganz zu

◯   ◯   ◯   ◯   ◯   ◯   ◯

1   2   3   4   5   6   7

13. Ich habe aus diesem Ereignis etwas Positives für mich mitgenommen.

Stimme überhaupt nicht zu   Teils - teils   Stimme voll und ganz zu

◯   ◯   ◯   ◯   ◯   ◯   ◯

1   2   3   4   5   6   7

14. Ich habe mich trotz dieses Ereignisses nicht von meinen Zielen abbringen lassen.

Stimme überhaupt nicht zu   Teils - teils   Stimme voll und ganz zu

◯   ◯   ◯   ◯   ◯   ◯   ◯

1   2   3   4   5   6   7

Auswertung und Interpretation

Um eine Einschätzung Ihres persönlichen Fehler-Mindsets zu erhalten, fügen Sie Ihre Ergebnisse in die nachfolgenden Formeln ein. Im Anschluss daran können Sie Ihre Ergebnisse in Abb. 4.2 übertragen. Der Vergleich Ihres Resultats mit dem Mittelwert gibt einen ersten Hinweis auf mögliches Verbesserungspotenzial hinsichtlich des jeweiligen Bestandteils Ihres Fehler-Mindsets. Eine hohe Diskrepanz sollte Sie zur Selbstreflexion anregen.

Tipp

Um die Aussagekraft der Selbstevaluation zu erhöhen, können Sie diesen Test auch in Ihrem Team oder Ihrer Abteilung durchführen. Indem Sie die Ergebnisse mit dem Mittelwert aller Teilnehmer vergleichen, erhalten Sie ein detaillierteres Bild der individuellen Einstellung zu Misserfolg. Achten Sie unbedingt darauf niemanden bloß zu stellen und Ergebnisse vertraulich zu behandeln.

Fehlererwartung = *(Ergebnis Frage 4 + Ergebnis Frage 8)/2*
Fehlerrisikoneigung = *(Ergebnis Frage 2 + Ergebnis Frage 9)/2*
Fehlerbewusstsein = *(Ergebnis Frage 1 + Ergebnis Frage 11)/2*

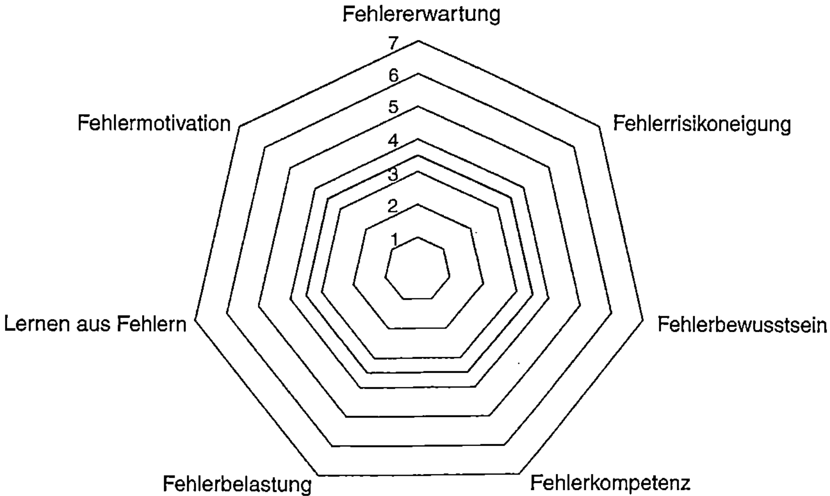

Abb. 4.2 Auswertung Fehler-Mindset

Fehlerkompetenz $=$ *(Ergebnis Frage 6 + Ergebnis Frage 10)/2*
Fehlerbelastung $=$ *(Ergebnis Frage 5 + Ergebnis Frage 12)/2*
Lernen aus Fehlern $=$ *(Ergebnis Frage 3 + Ergebnis Frage 13)/2*
Fehlermotivation $=$ *(Ergebnis Frage 7 + Ergebnis Frage 14)/2*

4.3 Fehlerkultur

Die persönliche Einstellung zu Misserfolg eines jeden Organisationsmitgliedes ergibt zusammen genommen die Fehlerkultur eines Unternehmens. Gleichzeitig ist die Fehlerkultur das mentale Fundament, das wiederum die Haltung eines jeden einzelnen positiv wie auch negativ beeinflussen kann. Während sie bei jungen Unternehmen erst im Entstehen ist, haben sie große Unternehmen bereits etabliert. Entscheidend dabei ist, dass die Ausgestaltung der Fehlerkultur die Performance eines Unternehmens maßgeblich beeinflusst. Erfolgreiche Unternehmen gestalten daher aktiv ihre Fehlerkultur, indem sie Misserfolg als wertvolles Signal interpretieren, das uns besser machen kann.

Fehlerkultur aus der sozialen Perspektive

In etablierten Unternehmen mit mehreren hundert oder tausend Mitarbeitern wird die Fehlerkultur ziemlich genau der Fehlerkultur des Bevölkerungsdurchschnitts entsprechen. Dabei ist es zumeist sehr ernüchternd, dass nationale wie auch internationale Vergleichsstudien herausstellen, dass eine tief gehende Angst der Deutschen vor dem Misserfolg existiert und eine gehörige Portion Schadenfreude vorherrscht, wenn unternehmerische Initiativen scheitern.

Laut Daten des Global Entrepreneurship Monitors, einer jährlich durchgeführten Studie zur unternehmerischen Aktivität in mehr als 60 Ländern (GEM 2016), belegt Deutschland regelmäßig einen der vorderen Plätze bei der Angst vor dem Scheitern. Knapp 42 % der Umfrageteilnehmer geben an, dass sie trotz Idee, Kompetenz und grundsätzlichem Interesse an einer Unternehmensgründung auf die Umsetzung ihres Vorhabens aufgrund des einhergehenden Risikos verzichten. Damit liegt Deutschland hinter anderen europäischen und asiatischen Ländern wie Kasachstan, Italien und Belgien auf Platz 13 der 60 Nationen weltweit.

Versucht man die Haltung der Deutschen zu Misserfolg tiefer zu ergründen, so stellt man fest, dass viele Deutsche Fehlern allgemein im Grunde gar nicht so negativ gegenüber stehen (Kuckertz et al. 2015). Grundsätzlich erkennt die Mehrheit der Deutschen diese als wertvolle Lernerfahrung an. Auch lässt sich erkennen, dass diejenigen, die etwas gewagt haben und gescheitert sind, ihr

Erlebnis durchaus als wertvoll empfinden. Darüber hinaus vertreten die befragten Deutschen mehrheitlich die Auffassung, dass gescheiterte Unternehmer auch eine zweite Chance verdient haben. Gleichzeitig existiert jedoch auch eine große Skepsis mit gescheiterten Unternehmern geschäftlich in Beziehung zu treten. Dies spricht folglich dafür, dass die Deutschen zwar eine zweite Chance nach einem Misserfolg selbst erwarten, diese aber selbst nicht geben möchten.

Vor diesem Hintergrund kommt häufig die Frage auf, warum wir in Deutschland nicht eine Fehlerkultur wie in den Vereinigten Staaten haben, die vermeintlich besonders offen gegenüber Misserfolg eingestellt sind. Diese Beobachtung ist jedoch nicht uneingeschränkt richtig. Blickt man auf die Global Entrepreneurship Monitor Studie so belegt die USA nur einen Platz im Mittelfeld. Dies liegt insbesondere daran, dass sich die positive Haltung gegenüber Misserfolg nicht gleichmäßig über das Land verteilt. Es existieren regionale Unterschiede, bspw. zeichnet sich die Region des Silicon Valleys um San Francisco durch eine überdurchschnittlich positive Einstellung zu Misserfolg aus.

Auch wenn man dieser Region zuschreibt besonders aufgeschlossen gegenüber dem Misserfolg eingestellt zu sein, so ist man auch hier von einer Glorifizierung des Scheiterns weit entfernt. Diese Unternehmer sowie deren Umfeld zeichnet sich hingegen durch die Bereitschaft und den Willen die großen Probleme unserer Zeit zu lösen aus. Eng damit verbunden ist folglich auch die Einsicht, dass Fehler auf diesem Weg unausweichlich auftreten werden und viele Vorhaben auch nicht zum Erfolg führen werden. Folgerichtig erfahren diejenigen Anerkennung, die sich davon nicht abschrecken lassen, ambitionierte Vorhaben umzusetzen versuchen und dabei scheitern: man ist nicht gescheitert, sondern hat dazu gelernt.

Diese Haltung gilt jedoch nicht uneingeschränkt, denn auch hier wird genau differenziert, worin der Grund für den Misserfolg lag. Wer diesen vorsätzlich oder leichtfertig herbeigeführt hat, erfährt auch in diesem Umfeld keine Anerkennung, sondern Ablehnung. Genau diese differenzierte, faktenbasierte Auseinandersetzung von innovativen bzw. unternehmerischen Initiativen sollten wir auch hierzulande übernehmen. Es gilt das typische Schwarz-Weiß-Denken zu überwinden, welches lediglich eine oberflächliche Bewertung in erfolgreich oder nicht erfolgreich zulässt.

Leitlinien für eine positiv ausgerichtete Fehlerkultur

Es existiert in der Praxis folglich guter Misserfolg, der uns besser macht, weil wir daraus etwas lernen können und schlechter Misserfolg, bei dem die negativen Konsequenzen im Vergleich zu den positiven Erfahrungen überwiegen. Die

Ausgestaltung der Fehlerkultur sollte daher diesem Umstand Rechnung tragen – insbesondere in der Art und Weise, wie eine Organisation mit Misserfolg und dessen Folgen umgeht.

Die Fehlerkultur eines Unternehmens (vgl. Abb. 4.3) offenbart sich sowohl im Verhalten der Organisationsmitglieder als auch in den zugrunde liegenden Werten und Normen: Werden Fehler vermehrt sanktioniert oder akzeptiert? Werden im Nachgang nur Symptome behandelt, indem man versucht Fehlerquellen schnell zu beseitigen oder werden stattdessen Ursachen ergründet und Lösungen entwickelt? Bekennt man sich zu Misserfolg und versucht daraus zu lernen oder wird er geleugnet oder im schlimmsten Fall gar vertuscht?

Ein destruktiver Umgang mit Misserfolg wirkt auf alle Beteiligten demotivierend, da vornehmlich in Kategorien von Schuld und Unschuld gedacht wird und nicht in Chancen zur Verbesserung. Da Verantwortung gerne weg diskutiert bzw. klein geredet wird, kommt es auch nicht zu wirklichen Verhaltensänderungen. Die Beteiligten können nichts daraus lernen, wenn der Grund für den Misserfolg bei anderen liegt oder den äußeren Umständen zugeschrieben werden kann. Einzig durch einen konstruktiven Umgang mit Misserfolg lässt sich dessen motivierende und leistungssteigernde Wirkung vollends nutzen. Fehler werden hier als Lerngelegenheiten wahrgenommen, die eine Person, ein Team, eine Abteilung oder Unternehmen in der Folge besser machen können. Eine funktionierende Fehlerkultur beschreiben daher mindestens drei Erfolgsfaktoren (van Dyck et al. 2005).

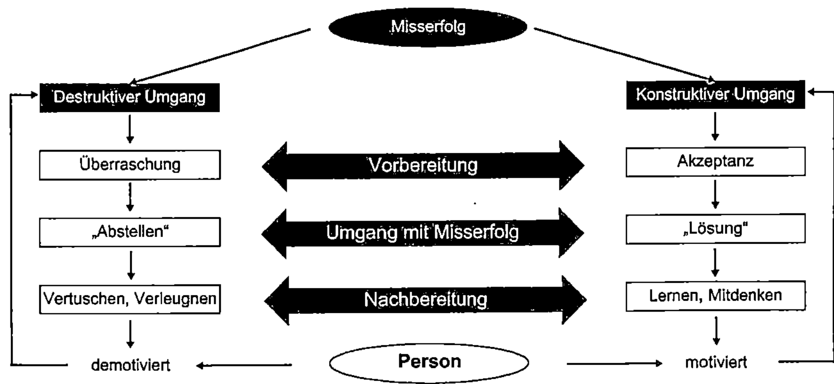

Abb. 4.3   Umgang mit Fehlern. (Angelehnt an Rimsa 2006)

1. Wie wird über Misserfolg gesprochen und das Wissen über Fehler mit anderen geteilt?

Einer der Kernbestandteile einer positiv ausgerichteten Fehlerkultur ist die offene Kommunikation von und über Misserfolg. Sie trägt nicht nur essenziell dazu bei, dass Fehler schneller identifiziert werden, sondern auch Erfahrungen in der Fehlerbehebung leichter über einzelne Personen bzw. Abteilungen hinweg geteilt werden. Auf diese Weise kann ein breites Bewusstsein für Gefahrensituationen innerhalb des Unternehmens sowie eine breite Wissensbasis für den effektiven Umgang mit Misserfolg entstehen.

Richtig angewandt, ermöglicht eine offene Kommunikation auch Lernerfahrungen besser auszutauschen und die negativen Konsequenzen von Fehlern ganz beträchtlich zu senken. Indem Fehler sichtbar und akzeptabel werden, fühlen sich Mitarbeiter dazu ermutigt auch Beinahe-Fehler zu kommunizieren statt sie zu ignorieren oder zu vertuschen versuchen, um das eigene Ansehen nicht zu verlieren.

2. Wie wird mit Misserfolg umgegangen?

Wutausbrüche, lautes Schreien oder Resignation verhindern einen konstruktiven Umgang mit Misserfolg in gleicherweise wie das leichtfertige Eingehen von Risiken ohne Konsequenzen. Unternehmen mit einer positiv-ausgerichteten Fehlerkultur gelingt die richtige Balance zwischen Glorifizierung und Stigmatisierung von Fehlern, indem sie negative wie auch positive Emotionen im Nachgang außen vor lassen. Dies führt dazu, dass schnell auf Fehler reagiert werden kann und in der Folge die Auswirkungen des Misserfolgs deutlich gesenkt werden können.

Doch auch wenn stets ein konstruktiver Umgang mit Misserfolg angestrebt wird, werden auch in einer positiv ausgerichteten Fehlerkultur die Konsequenzen nicht gänzlich ausgeblendet. Einzig auf die Frage von Schuld und Unschuld wird in der Bewertung verzichtet. Im Vordergrund steht nicht die Bestrafung von Fehlverhalten, sondern die Möglichkeit zur Verbesserung, Verhältnismäßigkeit und Rehabilitation. Da nicht in den Kategorien von Schuld und Unschuld gedacht wird, kann auch in der Folge die motivierende Wirkung von Misserfolg voll genutzt werden. Sodann fühlen sich Mitarbeiter auch in Zukunft dazu ermutigt Neues zu wagen.

3. Wie hilft man sich gegenseitig?

Damit Fehler offen kommuniziert werden und auch die Angst vor Fehlern überwunden werden kann, ist ein vertrauensvoller Umgang miteinander notwendig. Ein autoritärer Führungsstil basierend auf Sanktionen, würde Mitarbeiter eher dazu verleiten aufgetretene Fehler und Probleme nicht offen anzusprechen. Insbesondere bei Beinahe-Fehlern können daraus in der Folge sehr schnell negative Konsequenzen resultieren. Eine gute Fehlerkultur beginnt mit einer sachlichen Auseinandersetzung, einer respektvollen Haltung anderen gegenüber sowie konstruktivem und kooperativem Verhalten.

Zu einer positiv ausgerichteten Fehlerkultur gehört auch, dass jedes Organisationsmitglied dazu bereit ist sich konstruktiver Kritik von Kollegen bzw. Führungskräften auszusetzen, Einwände und Einsprüche anzunehmen und andere Menschen prinzipiell als willkommenes Korrektiv anzuerkennen. Dafür müssen nicht nur die entsprechenden Rahmenbedingungen geschaffen werden, sondern auch die nötigen Instrumentarien für den Umgang mit Misserfolg seitens des Unternehmens bereitgestellt werden. Diese ermöglichen dann den professionellen Umgang mit Fehlern.

Es kann in einem Unternehmen keine einheitliche Fehlerkultur geben

Nicht nur Personen unterscheiden sich im Umgang mit Misserfolg hinsichtlich bestimmter sozio-demografischer Merkmale wie Alter, Herkunft und Geschlecht, sondern auch Unternehmen. So hat beispielsweise der Tätigkeitsbereich einer Organisation einen entscheidenden Einfluss darauf wie Mitarbeiter und Führungskräfte mit Misserfolg umgehen. In der akademischen Literatur wird seit langem zwischen sogenannten „High Reliability Organizations" und Unternehmen unterschieden, die auf der Suche nach innovativen Lösungen sind. Ganz klar: Wer ein Atomkraftwerk betreibt, oder vielleicht ein Krankenhaus, der muss eine andere Einstellung zu Misserfolg haben, als eine Kreativagentur.

Nicht nur die Fehlerkultur zwischen Unternehmen kann sich unterscheiden, sondern auch innerhalb eines einzelnen Unternehmens wird in der Regel keine einheitliche Fehlerkultur vorzufinden sein. Vielmehr können parallel mehrere Kulturen existieren. Das Kontinuum reicht von einer offenen Haltung gegenüber Misserfolg (wie sie beispielsweise oftmals im Innovationsbereich vorherrscht) bis hin zu einer Nullfehlerwartung bzw. -toleranz (beispielsweise in der Fertigung). All das führt dazu, dass unterschiedliche Unternehmensbereiche unterschiedlich gehandhabt werden wollen. Allerdings benötigen beide Extrempunkte des Kontinuums gleichermaßen eine funktionierende Fehlerkultur.

▶ In einem Umfeld der Nullfehlererwartung, müssen wir Fehler um jeden Preis vermeiden. Dennoch gilt es Rahmenbedingungen zu schaffen, die es erlauben Misserfolg zu thematisieren. In innovativeren Teilen des Unternehmens müssen wir dem Misserfolg offen gegenüberstehen. Denn Fehler ermöglichen auch den Zufallserfolg wie beispielsweise das zuvor genannte Penicillin oder Post-Its. Wenn wir innovatives bzw. unternehmerisches Denken und Handeln fördern möchten, muss allen Beteiligten bewusst sein, dass viele innovative Maßnahmen zwangsläufig in Misserfolg resultieren werden, jedoch dieses Scheitern durch die langfristigen Erfolge innovativer Aktivitäten überkompensiert werden kann.

4.4   Übung zur Ermittlung der Fehlerkultur

Nachfolgend finden Sie einen kurzen Fragebogen zur Einschätzung der Fehlerkultur in Ihrem Unternehmen. Beantworten Sie die zehn Fragen spontan und kreuzen Sie auf der vorgegebenen Skala das Ihrer Meinung nach Zutreffende an. Im Anschluss an die Befragung finden Sie Hinweise zur Auswertung und Interpretation.

Selbsttest zur Einschätzung der Fehlerkultur

In meinem Unternehmen …

1. … ermutigen Führungskräfte ihre Mitarbeiter zu bewusster Risikoübernahme und akzeptieren Fehler als wahrscheinlichen Begleiter ihrer Vorhaben und Projekte.

Stimme überhaupt nicht zu   Teils - teils   Stimme voll und ganz zu

| 1 | 2 | 3 | 4 | 5 | 6 | 7 |

2. ... sprechen Organisationsmitglieder Schwierigkeiten, Gefahren oder potenzielle Fehlerquellen offen an.

Stimme überhaupt nicht zu   Teils - teils   Stimme voll und ganz zu

◯   ◯   ◯   ◯   ◯   ◯   ◯
1   2   3   4   5   6   7

3. ... haben wir keine Angst Fehler zu machen.

Stimme überhaupt nicht zu   Teils - teils   Stimme voll und ganz zu

◯   ◯   ◯   ◯   ◯   ◯   ◯
1   2   3   4   5   6   7

4. ... fragt man Kollegen um Hilfe, wenn man nicht fähig ist Fehler selbstständig zu beheben.

Stimme überhaupt nicht zu   Teils - teils   Stimme voll und ganz zu

◯   ◯   ◯   ◯   ◯   ◯   ◯
1   2   3   4   5   6   7

5. ... fühlen sich Personen weder gestresst noch beschämt, wenn sie Fehler machen.

Stimme überhaupt nicht zu   Teils - teils   Stimme voll und ganz zu

◯   ◯   ◯   ◯   ◯   ◯   ◯
1   2   3   4   5   6   7

6. … tendieren wir dazu, Fehler nicht zu wiederholen, da wir aus ihnen lernen.

Stimme überhaupt nicht zu   Teils - teils   Stimme voll und ganz zu

  1   2   3   4   5   6   7

7. … teilen wir es anderen mit, sobald jemand einen Fehler gemacht hat, damit sie nicht den gleichen Fehler noch einmal machen.

Stimme überhaupt nicht zu   Teils - teils   Stimme voll und ganz zu

  1   2   3   4   5   6   7

8. … nehmen sich die beteiligten Personen Zeit für die Fehleranalyse.

Stimme überhaupt nicht zu   Teils - teils   Stimme voll und ganz zu

  1   2   3   4   5   6   7

9. … existieren Symbole, Rituale & Routinen oder Geschichten, welche den positiven Misserfolg aus der Vergangenheit und die daran beteiligten Personen anerkennen.

Stimme überhaupt nicht zu   Teils - teils   Stimme voll und ganz zu

  1   2   3   4   5   6   7

> 9. ... gibt es Personen, die keine Karriere-Einbußen durch ihre Verwick-
>   lung mit bekannten Fehler-Situationen erlitten haben.
>
> Stimme überhaupt nicht zu   Teils - teils   Stimme voll und ganz zu
>
> ◯   ◯   ◯   ◯   ◯   ◯   ◯
>
> 1   2   3   4   5   6   7

Auswertung und Interpretation

Summieren Sie Ihre Wertungen und vergleichen Sie Ihr Gesamtergebnis mit den nachfolgenden Kategorien.

0–20 Punkte

Ihre Organisation kennzeichnet einen vermehrt destruktiven Umgang mit Misserfolg. In diesem Umfeld, ist es sehr schwer Innovationen zu realisieren bzw. unternehmerisch aktiv zu sein. Um von der leistungssteigernden Wirkung von Misserfolg zu profitieren, sollten Sie existierende Denk- und Verhaltensweisen kritisch hinterfragen und nach Möglichkeit grundlegende Veränderungsprozesse in Ihrer Organisation in Gang setzen.

Fazit: „Grundlegende Veränderung hin zu einem konstruktiven Umgang mit Misserfolg nötig"

21–49 Punkte

In Ihrer Organisation finden sich vereinzelte Anzeichen für eine positiv-ausgerichtete Fehlerkultur. Diese sollten Sie dringend identifizieren und nach Möglichkeit weiter fördern. Überlegen Sie auch, wie sich dieser konstruktive Umgang mit Misserfolg auf andere Bereiche oder Situationen in Ihrem Unternehmen übertragen lassen.

Fazit: „Positiven Umgang mit Misserfolg (weiterhin) fördern und Schwachstellen beheben"

50–70 Punkte

Sie sind auf dem richtigen Weg! In Ihrem Unternehmen finden sich deutliche Anzeichen für eine positiv ausgerichtete Fehlerkultur. Darauf sollte man sich jedoch keinesfalls ausruhen. Versuchen Sie, die wesentlichen Erfolgsfaktoren zu identifizieren und zu hinterfragen, wie man diese weiter fördern kann.

Fazit: „Konstruktiven Umgang mit Misserfolg weiter ausbauen"

Effektives Failure Management für Innovation und Corporate Entrepreneurship

Unternehmerisch denken und handeln bedeutet neue Wege zu gehen, anzupacken und Chancen für sich zu nutzen – auch vor dem Hintergrund eines ungewissen Ausgangs. Dieser Erwartungshaltung muss Failure Management für Innovation und Corporate Entrepreneurship gerecht werden und ist daher nicht ausschließlich als Prozess, Taktik oder Strategieansatz zum Umgang mit einmaligen Ereignissen oder Ausnahmesituationen zu sehen. Stattdessen sollte Failure Management als eigenständiger Denkansatz fortlaufend angewandt werden. Dies betrifft gleichermaßen die Zeit vor, während und nach einem bestimmten Ereignis.

Grundsätzlich setzt effektives Failure Management die Bereitschaft aller Organisationsmitglieder voraus sich an einem konstruktiven Umgang mit Misserfolg zu beteiligen. Allerdings stehen hier Führungskräfte in einer besonderen Verantwortung. Sie sind ausschlaggebend für die erfolgreiche Umsetzung von Failure Management, da es vielfach eben nicht allein auf das „Wollen" sondern auch auf das „Können" ankommt. Die besten Absichten sind bedeutungslos, wenn man die notwendigen Kompetenzen und Instrumentarien nicht zur Verfügung hat. Im Umkehrschluss bleiben natürlich auch die besten Methoden und Strategien im Fehlerumgang wirkungslos, wenn es an Zustimmung oder Veränderungsbereitschaft mangelt.

▶ Es müssen in einem ersten Schritt bisherige Denk- und Handlungsweisen geändert werden und negativer bzw. destruktiver Umgang mit Misserfolg in ein positives Lösungsdenken und konstruktives Verhalten gewandelt werden. Auf diese Weise entsteht schrittweise eine positiv ausgerichtete Fehlerkultur als mentales Fundament, auf der effektives Failure Management aufbauen kann.

© Springer Fachmedien Wiesbaden GmbH 2017
C. Mandl, *Vom Fehler zum Erfolg,* essentials,
DOI 10.1007/978-3-658-18261-8_5

5.1   Machen Sie Misserfolg sichtbar und akzeptiert

„Über Geld spricht man nicht" – diese Redewendung kann man auch auf den Umgang mit Misserfolg in vielen Unternehmen übertragen. Stellen Sie sich selbst die Fragen „Ist man in meinem Unternehmen dazu bereit offen über Fehler zu sprechen?" oder „Spreche ich meine Vorgesetzten proaktiv darauf an bzw. werde ich von meinen Mitarbeitern und Kollegen auf Fehler aufmerksam gemacht?". Wie ich durch meine Gespräche und Workshops mit Führungskräften aller Hierarchieebenen gelernt habe, bleibt eine offene Kommunikation über Misserfolg die Ausnahme. Es wird zwar oftmals bemängelt, dass Führungskräfte und Mitarbeiter nicht offen miteinander umgehen, aber eine wirkliche Veränderung dieses Zustands erfolgt in der Regel nicht.

Aber hier sind Führungskräfte selbst in der Pflicht. Eine Fehlerkultur wird zwar von allen im Unternehmen gestaltet und gelebt, Führungskräfte selbst tragen aber essenziell dazu bei einen konstruktiven und offenen Umgang mit Fehlern zu ermöglichen oder auch zu verhindern. Ihre Mitarbeiter oder Kollegen entdecken täglich Schwachstellen, Probleme oder auch potenzielle Gefahren. Aber aus Angst vor negativen Konsequenzen und ohne eine offene Gesprächskultur bleiben diese Verbesserungspotenziale vielfach unentdeckt.

Damit aus kleinen Misserfolgen keine großen werden, müssen diese thematisiert, sichtbar und akzeptiert gemacht werden. Zwar sollten Führungskräfte frühzeitig Rahmenbedingungen schaffen und diese auch transparent den Mitarbeitern gegenüber kommunizieren, aber es ist sicherlich nicht ausreichend eine offene Kommunikation von den eigenen Mitarbeitern lediglich einzufordern. Diese muss von Führungskräften beispielhaft vorgelebt werden. Dafür ist auf jeden Fall Überwindung nötig, da es das Bild des fehlerlosen Entscheiders gefährden könnte und man die Angst vor dem vermeintlich einhergehenden Gesichtsverlustes scheut. Anfangs empfiehlt es sich daher sich schrittweise voranzutasten.

Gehen Sie zunächst den Weg über informelle Gespräche mit Mitarbeitern und Kollegen auf neutralem Boden, dem Treppenhaus oder während des Mittagessens. Sprechen Sie über ihre Fehler und Herausforderungen sowie darüber wie Sie damit umgegangen sind und insbesondere auch was Sie daraus gelernt haben. Auf diese Weise kann auch das nötige Vertrauen seitens der Mitarbeiter entstehen, es Ihnen gleich zu tun und Gefahren und Herausforderungen offen anzusprechen. Sie werden hier sehr schnell bemerken, dass die positiven Effekte daraus die negativen Effekte des vermeintlichen Gesichtsverlustes mehr als überkompensieren.

Etablieren Sie darüber hinaus eine positiv angelegte Feedback Kultur, indem Sie beispielsweise schnelles und auf die Situation zugeschnittenes Feedback geben und nicht erst auf das nächste Mitarbeitergespräch warten. Feedback muss dabei nicht zwangsläufig negativ sein, sondern kann durchaus ein Lob und Anerkennung beinhalten. Die kurze Zeitspanne zwischen Fehler und Feedback führt dazu, dass der Fehler in den Köpfen der Mitarbeiter noch stärker präsent ist. Dies könnte den Lernerfolg wiederum erhöhen.

In einem zweiten Schritt, können Sie auch darüber nachdenken das Thema „Fehler" mit auf die Agenda in Meetings und Mitarbeitergespräche aufzunehmen. Entscheidend dabei ist, dass Sie auch hier zwingend den ersten Schritt gehen müssen bevor Sie es auch von Ihren Mitarbeitern einfordern können. Bleiben Sie dabei stets konstruktiv und lösungsorientiert. Oberstes Ziel sollte die Verbreitung von Lernerfahrungen sein und nicht das Bloßstellen einzelner Personen oder Diskussionen über Schuld und Unschuld. Erkennen Sie auch Fehler lobend an, die es wert waren.

Innerhalb der Gründerszene wird der aktive Austausch über Fehlentscheidungen und Scheitern bereits seit Jahren vorbildlich praktiziert (Kuckertz und Röhm 2015). Auf eigens einberufenen Veranstaltungen, den sog. „FuckUp-Nights" oder durch jährlich publizierte Fehler-Reports gelingt den Gründern genau das, was Konzernen häufig verwehrt bleibt: über Fehler sprechen und aus ihnen lernen. Mittlerweile organisieren große Unternehmen wie Daimler oder EnBW inspiriert durch die Start-up-Szene interne FuckUp-Nights, auf denen von gescheiterten Projekten berichtet wird. Über derartige Rituale wird Wissen geteilt und es wird das Signal gesetzt, dass diejenigen zu respektieren sind, die das Risiko auf sich genommen haben.

▶ **Auf den Punkt**

- Sprechen Sie zunächst informell über Ihre Fehler und Herausforderungen und wie Sie damit umgegangen sind bzw. was Sie daraus gelernt haben.
- Etablieren Sie eine positiv-angelegte Feedback Kultur, indem Sie z. B. schnelles und auf die Situation zugeschnittenes Feedback geben.
- Nehmen Sie das Thema „Fehler" auf die Agenda für Mitarbeitergespräche und Meetings.

5.2 Bereiten Sie sich auf Misserfolg vor

Auch wenn wir im Berufsalltag für ganz unterschiedliche Ereignisse planen, verzichten wir nur allzu gerne darauf wenn es konkret um das Thema Misserfolg geht. Im Rahmen von Innovationsprozessen werden üblicherweise Anforderungen, Meilensteine oder Kriterien definiert, die eine Entscheidung darüber ermöglichen, wann ein Projekt abgebrochen werden soll oder erfolgreich ist und fortgeführt werden soll. Über den eigentlichen Umgang mit Misserfolg und den einhergehenden Konsequenzen wird jedoch zumeist ad hoc oder situationsabhängig entschieden.

Selbstverständlich kann es nicht im Sinne eines Unternehmens sein Misserfolg fest in der eigenen Zielsetzung zu verankern und alle möglichen Szenarien in der Planung abzubilden. Aber wenn wir uns an Neuem oder bislang Unerprobtem versuchen, ist Misserfolg ein wahrscheinliches Ergebnis, auf das man sich nicht nur einstellen, sondern für das man auch vorsorgen muss. Auf der persönlichen Ebene, sollten Führungskräfte bereits im Vorfeld antizipieren, wo sie potenziell verwundbar sind. Sich seiner Stärken und Schwächen bewusst zu werden, hilft auch dabei die Angst vor Misserfolg zu überwinden, die uns vielfach dabei hemmt sich an neuen, innovativen Herangehensweisen zu versuchen.

> **Haben Sie Angst vor Misserfolg?**
> Die Angst vor Misserfolg lässt sich ganz einfach ermitteln (Danner und Coopersmith 2015). Nehmen Sie sich einen kurzen Augenblick Zeit und beantworten Sie die folgende Frage ehrlich zu sich selbst:
> *Womit würden Sie in Ihrem Berufsalltag oder in Ihrem Privatleben beginnen, wenn Sie mit absoluter Sicherheit nicht scheitern würden?*
> Ihre Antworten spiegeln das Ausmaß wider, wie sehr Sie sich von der Angst vor Misserfolg einschränken lassen. Sie verdeutlicht Ihnen zudem die Potenziale, die Sie aus der Angst vor dem Scheitern nicht für sich nutzen.

Sich auf Misserfolg vorzubereiten geht jedoch über die reine Selbstreflexion hinaus. Auch wenn wir davon ausgehen, dass Fehler im Rahmen von Innovation und Corporate Entrepreneurship passieren werden und Misserfolg ein wahrscheinliches Ergebnis unserer Anstrengungen ist, sollten wir keinesfalls Fehler leichtfertig riskieren. Führungskräfte haben stets die Aufgabe bereits im Vorfeld bestmöglich potenzielle Gefahrenquellen zu identifizieren und gegebenenfalls abzustellen. Überlegen Sie sich genau, welche internen bzw. externen Ereignisse das sein können und wie man diesen möglichst effektiv begegnen kann.

Übung zur Identifikation von Fehlerquellen

Folgende exemplarische Fragen können Ihnen bei der Identifikation von Gefahren- und Fehlerquellen helfen:

Wo sind wir als Abteilung oder Unternehmen am verwundbarsten?

Wie reagieren wir darauf, wenn einer unserer Mitbewerber vergleichbare Produkte, Dienstleistungen oder Technologien auf den Markt bringt?

Wo liegen die Wachstumsfelder unserer Mitbewerber? Welche Strategien werden von ihnen angewandt?

Welche Folgen drohen, wenn wir unseren Standort im Ausland schließen?

Die Identifikation potenzieller Gefahren erlaubt es uns den Umgang mit Misserfolg zu üben und frühzeitig die entsprechenden Fähigkeiten zu entwickeln, um einen schnellen und effektiven Umgang mit Misserfolg zu gewährleisten. Ganz gleich, ob Sie sich für Simulationen, Rollenspiele oder auch Teamwettkämpfe entscheiden. Sie sollten unbedingt die Ziele der Übungen stets verdeutlichen sowie sicherstellen, dass diese einen klaren Bezug zur Realität haben sowie persönlich und ermutigend gestaltet sind. Als Führungskraft sollten Sie selbst diese Übungen leiten und möglichst konstruktiv auf Verbesserungsmöglichkeiten hinweisen. Dabei bleibt es Ihnen überlassen wie effektiv, intensiv oder motivierend Sie ein bestimmtes Training gestalten. Vergessen Sie jedoch nicht die Erfolge aus den Übungen zu honorieren.

▶ **Auf den Punkt**

- Werden Sie sich Ihrer Stärken und Schwächen bewusst.
- Identifizieren Sie potenzielle Gefahrenquellen und stellen Sie diese gegebenenfalls bereits im Vorfeld ab.
- Trainieren und üben Sie den Umgang mit potenziellen Gefahren und Fehlerquellen.

5.3   Lösen Sie sich von der Angst vor Fehlern, indem Sie experimentieren

Auch wenn wir Innovation und unternehmerisches Denken und Handeln durch eine höhere Fehlertoleranz fördern möchten, existieren in jeder Abteilung bestimmte Aufgaben bei denen wir Verlässlichkeit voraussetzen und auch erwarten müssen (sog. „High Reliability"). Die Bestellung von Teilen für einen Prototypen kann beispielsweise als eine solche Aufgabe mit Null-Fehlererwartung gesehen werden. Geht es dagegen um die Suche nach neuen Produkten, Dienstleistungen oder Technologien muss Freiraum für Fehler geschaffen werden, damit kein kreatives Potenzial unentdeckt bleibt (sog. „Zero Stigma"). In der Praxis kann es zudem zu Situationen kommen, in denen wir Fehler bewusst in Kauf nehmen. Dies ist immer dann der Fall, wenn absolute Fehlerfreiheit in keinem Verhältnis zum dafür notwendigen Aufwand steht (sog. „Done is better than perfect").

Diese unterschiedlichen Fehlererwartungen sollten sich auch in verschiedenen Managementansätzen widerspiegeln. Definieren Sie daher zunächst für sich eindeutige Fehlerbereiche und sensibilisieren Sie dann Ihre Mitarbeiter und Kollegen dafür, welche Fehlererwartung mit einer Aufgabe verbunden ist. Für Aufgaben, bei welchen wir eine Null-Fehler Erwartung ausrufen können, finden durchaus die klassischen Methoden des Failure bzw. Qualitäts-Managements Anwendung. Dazu zählen unter anderem Checklisten, Total Quality Management oder auch der Six Sigma Ansatz. Bei „done is better than perfect"-Aufgaben, müssen Sie genau abschätzen, wann es erforderlich ist auf die letzten Prozente zu kommen und wann es einfach reicht, dass eine Aufgabe ungeachtet der Fehler erledigt ist.

Bei „Zero Stigma"-Aufgaben dagegen wollen wir Fehler ausdrücklich fördern, da sie uns weiterhelfen, wenn wir daraus lernen. Dafür muss der entsprechende Freiraum geschaffen und auch die einhergehende Sanktionsfreiheit zugesichert werden. Allen Beteiligten muss bewusst sein, dass es hier darum geht Lernerfahrungen zu sammeln. Dies kann beispielsweise darüber erreicht werden, dass man auf eine konkrete Zielsetzung verzichtet und stattdessen nur eine grobe Richtung zur Orientierung vorgibt. Wichtig dabei ist, dass Sie einen angemessenen Zeitraum definieren und kommunizieren, in dem Lernen stattfinden soll.

Ein Unternehmen aus der Pharmabranche beispielsweise hat auf Basis dieser Herangehensweise einen neuen Innovationscampus für die Kooperation mit Start-ups aufgebaut. Statt konkrete Ziele auszugeben, wurde von den Führungskräften folgendes Leitmotiv zur Orientierung ausgegeben: „Wir wollen in den nächsten zwei Jahren lernen wie die Zusammenarbeit mit Start-ups funktionieren kann".

Dies hat dazu geführt, dass jeder Ansatz von allen Beteiligten immer kritisch auf dieses Leitmotiv hin hinterfragt wurde und nicht einfach Vorgaben umgesetzt wurden, die im Vorhinein so festgelegt waren. Somit konnte ein geschützter Raum für Lernerfahrungen entstehen, in welchen sich alle Beteiligten einbringen und die Zusammenarbeit mit Start-ups auch aktiv mitgestalten konnten ohne dabei negative Konsequenzen fürchten zu müssen. Somit konnten unverzüglich Anpassungen am ursprünglichen Konzept vorgenommen werden. Zum Beispiel hat man das Mentoren- und Beratungsangebot für Unternehmensgründer deutlich reduziert, damit sie sich stärker auf die Umsetzung ihres Vorhabens fokussieren konnten.

Wie dieses Beispiel des Pharmakonzerns verdeutlicht, tritt anstelle eines konkreten Ziels der Leitsatz „experiment, fail, learn, repeat" („experimentieren, Fehler machen, daraus lernen, wiederholen"). Gerade in der Gründerszene, aber auch in der Softwareentwicklung ist dieses Prinzip bereits seit einiger Zeit fest etabliert. Deshalb konnten sich in den letzten Jahren u. a. die „Lean Startup Methode" (Ries 2011) oder „Scrum Projektmanagement" (Schwaber 2004) als dominante Konzepte zur Geschäftsmodell- bzw. Produktentwicklung durchsetzen (Hajizadeh-Alamdary und Kuckertz 2015).

Diese Ansätze eint, dass sie auf fortlaufenden Experimenten bzw. Sprints basieren, die es ermöglichen in kurzer Zeit zu ergründen, welche Vorgehensweise funktioniert und welche eben nicht. Auf Basis dieser kurzen Lernzyklen können in der Folge auch schnell Anpassungen am ursprünglichen Ansatz vorgenommen werden. Eine Änderung infolge eines Fehlers erfolgt aber niemals willkürlich, sondern stets wohlüberlegt und auf der Grundlage von Erfahrungen und Erkenntnissen, das heißt auf Basis von „validiertem Lernen". Dafür sollten regelmäßige Review Meetings durchgeführt werden, um über Herausforderungen und Lernerfahrungen zu berichten und wie man damit möglichst effektiv umgehen kann.

▶ **Auf den Punkt** Definieren Sie eindeutige Fehlerbereiche („High Reliability", „Zero-Stigma" und „Done is better than perfect") und machen Sie Ihren Mitarbeitern im Vorfeld bewusst, welche Fehlererwartung mit einer Aufgabe verbunden ist.

5.4 Tritt der Misserfolg ein, handeln Sie lösungsorientiert

Führungskräfte können die entsprechenden Rahmenbedingungen schaffen, indem sie experimentieren und sich auf möglichen Misserfolg vorbereiten. Wenn es jedoch dazu kommt, dass Fehler tatsächlich auftreten (und das werden sie), gilt es damit möglichst effektiv umzugehen. Der erfolgreiche Umgang in dieser Phase basiert auf der Einsicht, dass Fehler passieren. Diese Situationen können schnell sehr unübersichtlich werden, da sie unter Umständen stark emotional aufgeladen sind und die Karriere der am Misserfolg beteiligten Personen deutlich beschädigen können. Es kommt zu Schuldzuweisungen und Führungskräfte wie auch die beteiligten Mitarbeiter versuchen sich zu distanzieren, um ihr Ansehen nicht zu verlieren. Erst an dieser Stelle offenbart sich zumeist, wie sehr sich eine Person, Abteilung oder auch das Unternehmen als Ganzes einem positiv ausgerichteten Failure Management verpflichtet fühlt.

Behalten Sie in dieser Phase unbedingt die Kontrolle, indem Sie Diskussionen über Schuld und Unschuld gar nicht erst entstehen lassen. Schuldzuweisungen verlangsamen lediglich den Lösungsprozess, indem eine ohnehin stark emotional geprägte Situation noch weiter verschärft wird. Evaluieren Sie stattdessen zunächst das Ausmaß des Misserfolgs und prüfen Sie sorgfältig, ob es sich um einen Fehler handelt, der bereits in der Vergangenheit aufgetreten ist. Denn bei vergleichbaren Fehlern existieren vielleicht bereits Ansätze oder Erfahrungen in Ihrem Unternehmen zum effektiven Umgang mit dieser Situation. Diese sollten auch genutzt werden!

Doch wie lässt sich das Ausmaß von Misserfolg ermitteln, der erstmalig aufgetreten ist? Außerhalb des Unternehmenskontexts existieren bereits seit langer Zeit Kategoriensysteme, die versuchen das Ausmaß von Gefahren oder Risiken abzubilden. Sicherheitsbehörden verwenden Terrorwarnstufen, Geologen orientieren sich an der Richterskala, um die Erschütterungen von Erdbeben zu messen und Meteorologen verwenden zur Schadensklassifikation für Starkwinderscheinungen die sog. „Enhanced Fujita-Skala". Eine derartige Einteilung der möglichen Auswirkungen (vgl. Abb. 5.1) macht zur Orientierung durchaus auch für den Unternehmenskontext Sinn.

Welcher Kategorie Sie einen Misserfolg zuordnen kann keinesfalls pauschalisiert werden, sondern muss immer situationsabhängig und auf Basis der Schadenswirkung getroffen werden. Ein erster Anhaltspunkt ist die vorab definierte Fehlererwartung an eine Aufgabe, d. h. handelt es sich um „High Reliability",

Kategorie	Häufige Ursache	Beispiele	Folgen für die Beteiligten
1. Gewöhnlicher Fehler	• Unachtsamkeit • Fehlende Motivation	• Falsche Bestellung • Unvollständige Produktzeichnung	Gering
2. Struktureller Fehler	• Fehlende Kompetenz • Fehlerhafte Prozesse	• Verzögerter Entwicklungszyklus • Teamkonflikt	Begrenzt
3. Gravierender Fehler	• Systemische Faktoren • Pech	• Produktrückruf • Unfall	Hoch

Abb. 5.1   Kategoriensystem für Fehler

„Done is better than perfect" oder „Zero Stigma" Aufgaben. Wie zuvor postuliert, sollten Führungskräfte ihren Mitarbeitern den nötigen Freiraum geben, um Aufgaben auch eigenverantwortlich bearbeiten zu können. Diese Freiheit muss man als Führungskraft auch ertragen, auch wenn Fehler passieren.

Richten Sie im nächsten Schritt Ihre gesamte Aufmerksamkeit und die Ihrer Mitarbeiter auf die eigentliche Problemlösung. Dies schließt selbstverständlich mit ein, diesen Schritt nicht nur zu kommunizieren und einzufordern, sondern auch beispielhaft vorzuleben. Achten Sie dabei darauf die Beteiligten zum Teil der Lösung zu machen. Dies fördert nicht nur die Verbreitung von Lernerfahrungen, sondern wirkt auch motivierend. An dieser Stelle zeigt sich auch der Wert von Fehlervorbereitung beispielsweise in Form von Simulationen oder Rollenspielen. Wurde Wissen aus diesen Trainingssituationen angewandt, sollten Sie dies auch hervorheben, anerkennen und gegebenenfalls honorieren.

Ein wesentlicher Bestandteil dieser Lösungsorientierung ist natürlich auch darin zu sehen den Betroffenen zu helfen und sie zu unterstützen. Fragen Sie sich selbst „Wie würden Sie mit einem jungen Mitarbeiter umgehen, der fehlerhafte Daten an einen Kunden verschickt hat, was in der Folge einen lang verhandelten Auftrag gefährdet?". Im beschriebenen Fall hat der Abteilungsleiter nach außen seinen Mitarbeiter geschützt und nach innen das Problem offen und konstruktiv mit allen Teammitgliedern diskutiert. Dies schafft Vertrauen, Glaubwürdigkeit und Loyalität nicht nur aufseiten der beteiligten Mitarbeiter, sondern auch teamübergreifend.

> **Auf den Punkt**

- Lassen Sie Diskussionen über Schuld und Unschuld gar nicht erst entstehen.
- Richten Sie Ihre gesamte Aufmerksamkeit und die Ihrer Mitarbeiter auf die Problemlösung.
- Helfen und unterstützen Sie die Betroffenen.

5.5 Klammern Sie in der Bewertung von Misserfolg die beteiligten Personen strikt aus

Auf die Fehlerbehebung folgt idealerweise eine Phase der Aufarbeitung, die wiederum in die Entscheidung über die Konsequenzen des Misserfolgs mündet. An dieser Stelle offenbart sich in der Regel auch, ob ein Unternehmen dem Bekenntnis zu einer positiv ausgerichteten Fehlerkultur auch Taten folgen lässt oder ob sie zu einem Lippenbekenntnis verkommt. Die Phase nach einem Misserfolg ist in der Regel stark emotional aufgeladen, da unter anderem viel Energie, Zeit, Kreativität und Geld eingesetzt wurden und die Beteiligten auch emotional mit einem Projekt sehr verbunden waren. Folglich sind Enttäuschung, Frustration, Wut oder Depression die Regel und nicht die Ausnahme. All das verhindert jedoch eine sachliche Auseinandersetzung und in der Folge auch das Lernen aus dem Misserfolg.

Bei der Aufarbeitung und Bewertung des Geschehenen geht es darum Ursachen zu ergründen. Im Idealfall erfolgt dieser Schritt völlig losgelöst von Einzelpersonen und den damit verbundenen Sympathien, Antipathien und jeweiligen Vorgeschichten. Dabei helfen können die klassischen W-Fragen (Was? Wie? Warum?), jedoch mit Ausnahme der Frage nach dem „Wer?" in Verbindung mit Schuld. Nur dadurch kann es gelingen, dass sich alle bedingungslos in die Diskussion einbringen und keine Bedenken haben müssen zeitgleich einem anderen zu schaden.

In der Regel lässt sich der Ursprung von Fehlern nur sehr schwer ermitteln, da vielfach Verkettungen von systemischen und personenbezogenen Faktoren zu einem bestimmten Ereignis geführt haben. Dies erschwert es im Nachgang eine informierte Entscheidung über die Konsequenzen treffen zu können. Dies entbindet Sie jedoch nicht von der Aufgabe genau zu evaluieren, wie es zu einem bestimmten Ereignis gekommen ist. Nehmen Sie sich daher so viel Zeit wie nötig, aber halten Sie diese Phase gleichzeitig so kurz wie möglich. Achten Sie zudem auf den richtigen Zeitpunkt, um mit der Aufarbeitung zu beginnen. Wenn alle gerade noch dabei sind den Schaden zu begrenzen ist es mehr als kontraproduktiv damit zu beginnen über mögliche Konsequenzen nachzudenken und zu sprechen.

Selbstverständlich ist jeder Fehler einzigartig, da er mit ganz unterschiedlichen Begleiterscheinungen verbunden ist. Dennoch hat es sich in der Praxis bewährt bei der Fehleranalyse in Fehlerkategorien zu denken (vgl. Abb. 5.2). Als besonders geeignet für effektives Failure Management, erscheint mir daher eine Aufteilung in systemische bzw. personenbezogene und mehrmalige bzw. einmalige Fehler. Systemische Fehler, liegen außerhalb des Einflussbereiches einer Person oder eines Unternehmens und sind in der Regel unvermeidbar, d. h. sie können grundsätzlich jeden treffen unabhängig von dem Verhalten einer Person, Abteilung oder des gesamten Unternehmens. Beispiele dafür wären unter anderem ein sich änderndes Konsumverhalten, zunehmender Wettbewerb, Wirtschaftskrisen, Zuliefererprobleme oder auch einfach nur Pech. Im Gegensatz dazu können Fehler auch Personen zugeordnet werden. Hier gilt es einerseits zu ermitteln, ob der Fehler aufgrund mangelnder Fähigkeiten und Kompetenzen der Beteiligten aufgetreten ist oder infolge fehlender Motivation. Es sollte genau zwischen dem „nicht können" und dem „nicht wollen" unterschieden werden.

Es ist weit verbreitet den Grund für den Misserfolg zunächst bei anderen zu suchen oder vorwiegend den äußeren Umständen zuzuschreiben, auch wenn man selbst entscheidend dazu beigetragen hat. Zahlreiche akademische Studien haben diese Wahrnehmungsverzerrung, den sog. „self-serving bias", in ganz unterschiedlichen Fehlersituationen belegt. Demnach ist diese Art der Wahrnehmung

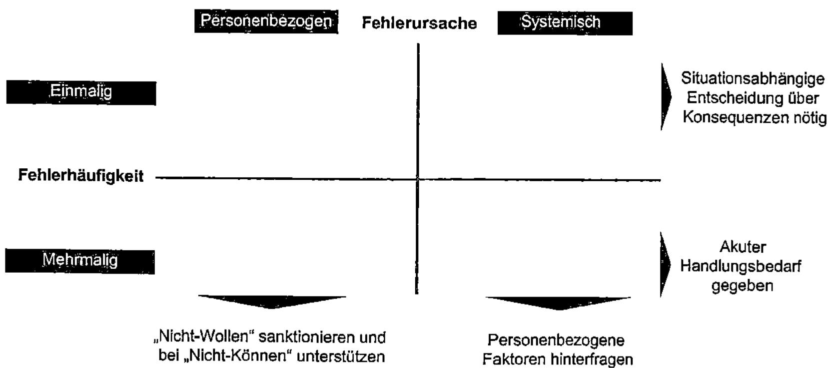

Abb. 5.2 Fehler-Matrix

fest in uns verankert, da sie unser Selbstbewusstsein schützt. Gleichzeitig verhindert sie aber auch eine sachliche Auseinandersetzung und gefährdet somit, dass wir etwas aus einem bestimmten Ereignis lernen können. Wenn Sie also bei der Fehleranalyse auf systemische Gründe stoßen, hinterfragen Sie immer auch die Rolle der daran beteiligten Personen. Nur auf diese Weise können Sie einen self-serving Bias ausschließen.

Zuletzt sollten Sie auch darauf achten, ob es sich um einmalig oder mehrmalig auftretende Fehler handelt (Rimsa 2006). Letzteren kann unter anderem Ignoranz, Gewöhnung, oder mangelhafte Änderungsbereitschaft zugrunde liegen. Man hat sich also bereits als Person, Abteilung oder Unternehmen ganz nach der Devise „das war doch schon immer so" mit dem Fehler arrangiert. Dadurch wird der Fehler letztlich nicht mehr hinterfragt und schon gar keine Lösungen dafür erarbeitet. Hinzu kommt dann oftmals eine fehlende Veränderungsbereitschaft, um einen Fehler tatsächlich zu beheben. Dem sollten Sie dringend entgegenwirken!

In der Aufarbeitung werden Sie zudem auch auf Fehler stoßen, die Ihnen oder Ihren Mitarbeitern unterlaufen, weil Menschen nun einmal Fehler machen. Einmalig-auftretende Fehler sind in den meisten Fällen vermeidbar, können aber trotzdem nie ganz vermieden werden. Zu den häufigsten Gründen zählen eine Unkenntnis der Rahmenbedingungen oder der Ursache-Wirkungsbeziehungen, aber auch Unachtsamkeit, Lustlosigkeit, oder Unfähigkeit können mögliche Gründe für erstmalig-auftretende Fehler sein. Es wäre natürlich ideal, wenn Sie oder Ihre Mitarbeiter immer und bei jeder Tätigkeit achtsam, konzentriert und motiviert an einer Aufgabe arbeiten könnten. Es stellt sich aber die Frage: Ist das überhaupt realistisch? Genügen Sie selbst diesen Ansprüchen?

Identifizieren Sie daher alle Gründe für den Misserfolg und bewerten Sie diese nach dem zuvor beschriebenen Schema. Auf diese Weise erhalten Sie eine fundierte Entscheidungsgrundlage über mögliche Stellschrauben für zukünftige Verbesserungen. Um sicherzustellen, dass bei schwerwiegendem Misserfolg auch die richtigen Schlüsse und Konsequenzen gezogen werden, kann es durchaus auch sinnvoll sein die wichtigsten Aspekte in Form eines Abschiedsbriefs, einem sog. „Post-Mortem", festzuhalten. Dieser muss nicht zwingend aus einer persönlichen Sicht geschrieben werden, auch im Team kann ein aufschlussreicher Abschiedsbrief erarbeitet werden.

Die Anfertigung eines Post-Mortems besitzt den entscheidenden Vorteil, dass anders als in der Diskussion mit Außenstehenden oder beim Erzählen, eine in sich konsistente und sinnige Geschichte entsteht und dabei keine wichtigen Aspekte ignoriert oder vergessen werden. Zudem hilft die aktive Auseinandersetzung während des Schreibens bei der Verarbeitung des Geschehenen und reduziert folglich die Fehlerbelastung der Betroffenen. Im Mittelpunkt steht jedoch stets das Festhalten von Lernerfahrungen: Was haben wir daraus für die Zukunft mitgenommen?

Vor allem in der amerikanischen Gründerszene ist das Verfassen von Post-Mortems bereits weit verbreitet. Vielfach veröffentlichen Start-up-Unternehmen diese Schriftstücke auf ihrer Homepage, um Besucher zu informieren warum sie ihr Geschäft aufgegeben haben. Aber auch in vielen Blogs, finden sich zahlreiche Berichte gescheiterter Unternehmer, die ihre Erfahrungen aus ihrem letzten unternehmerischen Vorhaben mit der Öffentlichkeit teilen möchten. Post-Mortems tragen zudem dazu bei ein positives Bild der eigenen Person bzw. des Unternehmens in der Öffentlichkeit zu zeichnen, indem man aus der negativen Erfahrung gestärkt hervorgegangen ist und aus der Vergangenheit etwas gelernt hat.

Misserfolg offen nach außen zu kommunizieren ist mit Sicherheit eine extreme Maßnahme und wirkt für viele erst einmal befremdlich und steht Ihrem Bedenken hinsichtlich juristischer Konsequenzen und Geheimhaltung womöglich entgegen. Auch wenn Post-Mortems nicht offen nach Außen kommuniziert werden, sondern nur für jemanden persönlich, dem eigenen Team bzw. der Abteilung zugänglich gemacht oder im Intranet veröffentlicht werden, sollten sie zwingend archiviert werden. Auch eine Eingliederung in das interne Wissensmanagement kann durchaus sinnvoll sein. Denn wird in der Zukunft mit einem ähnlichen Projekt begonnen, kann der Blick auf die Post-Mortems der Vergangenheit dabei helfen für potenzielle Gefahren bereits sensibilisiert zu sein oder bestimmte Fehler gar nicht erst zu machen.

▶   **Auf den Punkt**

- Achten Sie auf eine sachliche und konstruktive Auseinandersetzung aller Beteiligten mit dem Misserfolg.
- Nehmen Sie sich für die Fehleranalyse so viel Zeit wie nötig, aber halten Sie diese Phase gleichzeitig so kurz wie möglich.
- Kategorisieren Sie den Misserfolg gemäß der Ursache und Häufigkeit in systemische bzw. personenbezogene und einmalige bzw. mehrmalige Fehler.

5.6 Handeln Sie angemessen und richten Sie den Blick nach vorn

Nachdem der Misserfolg analysiert und bewertet wurde, müssen Entscheidungen darüber getroffen werden, welche Konsequenzen aus dem Geschehenen gezogen werden. Seien Sie sich darüber bewusst, dass sowohl Ihre Mitarbeiter als auch Kollegen genau darauf achten werden, wie Sie diese Situation handhaben und wie Sie mit den Beteiligten umgehen. Übernehmen Sie daher Verantwortung nicht nur in guten Zeiten, sondern auch in Schlechten. Entschuldigen Sie sich gegebenenfalls auch bei den Beteiligten wenn Sie nach der Fehleranalyse zu dem Schluss gelangt sind, dass Sie auch an der Entstehung mitgewirkt haben.

Ganz gleich welche Konsequenzen Sie aus dem Misserfolg ziehen, behalten Sie stets Verhältnismäßigkeit und Fairness im Blick. Systemische Fehler sind in der Regel von einzelnen Personen nicht zu beeinflussen. Dennoch sollten diese keinesfalls ignoriert werden. Wenn es möglich ist sich auf diese Risiken in Zukunft besser vorzubereiten, sollten Sie das auch tun. Denken Sie darüber nach diese Ereignisse in Erinnerung zu behalten, indem sie diese in Ihre Trainingsszenarien oder Simulationen aufnehmen. Diese können auch dafür genutzt werden zu überprüfen, ob aus dem Geschehenen für die Zukunft gelernt wurde und das neue Wissen über diese Situationen auch anwendbar ist.

Das Geschehene ist zumeist nicht mehr rückgängig zu machen. Zudem sind Unternehmen keine Bestrafungsanstalten. Sind Sie aber in Ihrer Bewertung zum Schluss gekommen, dass fehlende Eignung, Faulheit oder gar Vorsatz aufseiten Ihrer Mitarbeiter der wesentliche Grund für den Misserfolg waren, dann sind sicherlich auch umfassendere Konsequenzen bis hin zur Abmahnung und Kündigung angemessen.

Keinesfalls sanktionieren sollten Sie jedoch vollen Einsatz oder Risikobereitschaft, die im Einklang mit den Zielen des Unternehmens stehen. Sie verdienen Anerkennung! Christoph Keese (2014, S. 293), Executive Vice President der Axel Springer SE, schreibt dazu beispielsweise in seinem Buch:

> Scheitern sollte als Auszeichnung gelten. Wer noch nie gescheitert ist, darf nicht befördert werden. Aufstieg in höhere Funktionen sollte denjenigen vorbehalten bleiben, die schon einmal ein größeres Risiko eingegangen sind. Glatte Karrieren haben nicht mehr als Ausdruck von Zielstrebigkeit zu gelten, sondern als Beweis von Ideenlosigkeit.

Ein positiv-ausgerichtetes Failure Management ist stets auf Verbesserung ausgerichtet. Liegt der Grund für den Misserfolg im „Nicht Können" der Beteiligten, so sollten Ihre Maßnahmen und Konsequenzen im Nachgang auch darauf abzielen, dass diese Erfahrungs- oder Kompetenzlücken geschlossen werden. Idealerweise erfolgt dies intern, indem Sie selbst oder Teammitglieder dabei helfen die Betroffenen zu unterstützen. Aber auch externe Unterstützung in Form von Schulungen, Fortbildungen oder Mentoren-Programme können sinnvolle Maßnahmen sein. Vergessen Sie jedoch nicht die Wirkung der Verbesserungsmaßnahmen zu kontrollieren, d. h. sehen Sie genau hin, ob in ähnlichen oder vergleichbaren Situationen Verhaltensänderungen stattgefunden haben.

Auf wiederholte Fehler sollte sicherlich anders reagiert werden wie auf Fehler, die zum ersten Mal aufgetreten sind (Rimsa 2006). Sie gefährden die Qualität der Arbeit und sollten daher im Mittelpunkt eines positiv ausgestalteten Failure Managements stehen. Mehrmalig auftretende Fehler müssen zwingend behoben oder zumindest reduziert werden, indem man sie genau analysiert und iterativ abarbeitet. Fehler, die zum ersten Mal auftreten, muss man gegebenenfalls auch tolerieren (lernen), denn Fehler sind nun mal alltäglich und „Irren ist menschlich". Man kann zwar den „richtigen" Umgang in der jeweiligen Fehlersituation festlegen und vielleicht auch standardisieren, aber Nullfehlerwartung bleibt ein Irrglaube. In beiden Fällen sollte die Fehlerbehebung in regelmäßigen Abständen überprüft werden. Denn Fehler, die uns bewusst sind, werden mit einer höheren Wahrscheinlichkeit nicht wieder auftreten.

Insbesondere bei schwerwiegendem Misserfolg erinnert die Zeit danach an die typischen Phasen der Trauerbewältigung: Nicht-Wahrhaben-Wollen, intensive aufbrechende Emotionen (z. B. Wut, Zorn, Traurigkeit), Loslassen und Akzeptanz. Stellen Sie sich darauf ein, dass jede Person Misserfolg ganz unterschiedlich bewältigt und unterstützen Sie die beteiligten Personen, wenn nötig. Nehmen Sie sich Zeit, aber überspannen Sie den Bogen nicht. Nutzen Sie den vermeintlichen Misserfolg, indem Sie sich mit den neu entstehenden Möglichkeiten beschäftigen und damit, wo Sie zukünftig diese Erfahrungen gewinnbringend anwenden können.

Selbstvorwürfe sind in der Regel nicht zielführend und demotivieren nur. Nutzen sie stattdessen Ihre Energie dazu, neue Aufgaben und Herausforderungen aktiv anzugehen. Sehr hilfreich kann es sein, an herausfordernde Aufgaben aus der Vergangenheit zu denken, die sie bereits erfolgreich bewältigt haben. Wie haben Sie das damals geschafft? Suchen Sie gezielt nach Parallelen, aber achten Sie zugleich auf die Besonderheiten der aktuellen Situation.

Im nächsten Schritt geht es darum wieder in die Spur zu finden und mit Zuversicht die weiteren Schritte zu verkünden. In der Praxis bedeutet dies, dass Sie sich die Frage stellen müssen, ob der aktuelle Kurs gehalten, eine leichte Kursänderung vorgenommen oder eine andere Richtung eingeschlagen werden soll.

Auch ganz umzukehren kann abhängig vom jeweiligen Ereignis eine Option darstellen. Unabhängig davon welche Richtung Sie einschlagen, ist es entscheidend Ihre Entscheidung mit Überzeugung zu vertreten und auch in der Folge die Kursänderung selbst mit einzuleiten und zu beschreiten. Achten Sie auch darauf die Beteiligten zum Teil der Lösung zu machen. Lassen Sie die Beteiligten nach Möglichkeit an der Problemlösung mitwirken. Das fördert die Verbreitung von Lernerfahrungen.

Nutzen Sie den vermeintlichen Misserfolg, indem Sie auf die neu entstehenden Möglichkeiten verweisen. Suchen Sie nach Anhaltspunkten, die den Erfolg der Kursänderung objektiv bestätigen. Dies kann beispielsweise eine Kundenemail sein oder sich in Zahlen spiegeln. Honorieren Sie auch Verhaltensänderungen, wenn in vergleichbaren Situationen die Erfahrungen aus der Vergangenheit erfolgreich angewendet wurden. All das trägt dazu bei, dass kleinere Rückschläge während des Kurswechsels leichter verkraftet werden und damit Sie selbst, Ihr Team, Abteilung oder Unternehmen wieder schnell auf Kurs kommen.

▶   **Auf den Punkt**

- Übernehmen Sie Verantwortung und entschuldigen Sie sich bei den Beteiligten, wenn Sie zu dem Schluss gelangt sind, dass Sie an der Entstehung des Misserfolgs mitgewirkt haben.
- Achten Sie in Bezug auf die Konsequenzen stets auf Verhältnismäßigkeit und Fairness. Honorieren Sie vollen Einsatz oder Risikobereitschaft, die im Einklang mit den Zielen des Unternehmens stehen.
- Nutzen Sie den vermeintlichen Misserfolg, indem Sie auf die neu entstehenden Möglichkeiten verweisen und suchen Sie nach Anhaltspunkten, die den Erfolg der Kursänderung bestätigen.

5.7   Machen Sie Misserfolg zu einem Bestandteil Ihrer Unternehmenskultur

Misserfolge bergen das Potenzial die DNA eines Unternehmens dauerhaft zu verändern – im Positiven wie auch im Negativen. Unternehmen mit einer positiv ausgerichteten Fehlerkultur setzen Misserfolg gezielt zur Leistungssteigerung ein, indem sie ihn nicht ignorieren oder vertuschen, sondern daran erinnern und sichtbar machen. Diese Phase schließt daher logisch an die erste Handlungsempfehlung an: „Machen Sie Misserfolg sichtbar und akzeptiert". Dadurch entsteht ein sich selbst verstärkender Kreislauf. Der Misserfolg der Vergangenheit wird dazu genutzt das Unternehmen als Ganzes toleranter gegenüber Misserfolg zu machen und auf diese Weise innovative bzw. unternehmerische Initiativen in Zukunft weiter zu fördern.

Ausgangspunkt dafür ist ein Führungskräfteverhalten, das positiven Misserfolg honoriert und diejenigen wertschätzt, die Neues gewagt haben. Beginnen Sie damit in ihrem Team, in Ihrer Abteilung oder im Unternehmen als Ganzes ein Fehlergedächtnis zu etablieren, beispielsweise in Form von Geschichten, Symbolen oder Ritualen. Diese Ansätze besitzen das Potenzial eine positiv-ausgerichtete Fehlerkultur in einer Organisation auf lange Sicht fest zu verankern.

Verbreiten Sie Geschichten über Fehler

Eines der Kernelemente einer positiv-ausgerichteten Fehlerkultur ist eine offene Kommunikation, die es erlaubt auch Misserfolge zu thematisieren. Bedeutsam dabei ist jedoch nicht nur, dass man überhaupt über Misserfolg spricht, sondern auch wie darüber gesprochen wird. Dies spiegelt sich insbesondere in den Geschichten wieder, die in einem Unternehmen über den Umgang mit Misserfolg kursieren. Sie können über längere Zeiträume hinweg die Fehlerkultur eines Unternehmens, einer Abteilung oder eines Teams maßgeblich bestimmen und nachhaltig prägen.

Bei einem Automobilzulieferer zum Beispiel, der grundsätzlich als sehr tolerant gegenüber den Fehlern seiner Mitarbeiter gilt, kursieren Geschichten, die einer positiv ausgerichteten Fehlerkultur entgegenstehen. So lautet ein Ausspruch der sich nach wie vor im Unternehmen hält: „Wer einen Fehler macht kommt ins Automobilzulieferer-Gefängnis". Was erzählt man sich in Ihrem Unternehmen? Um Fehler-Geschichten positiv zu belegen, eignen sich die sog. „Fuckup Nights". Dabei wird Wissen mit anderen geteilt und es wird das Signal gesetzt, dass diejenigen zu respektieren sind, die das Risiko auf sich genommen haben. Wichtige Nebenprodukte einer solchen Veranstaltung können die Stärkung von Vertrauen und Offenheit im Unternehmen sein.

Symbole

In ähnlicher Weise wie Geschichten können auch Symbole ein Ausdruck für eine besonders tolerante Einstellung gegenüber Misserfolg sein. Titus Dittmann, Gründer des Titus Versands, ein Unternehmen das sich auf Skateboards, Zubehör und Bekleidung spezialisiert, ließ in Erwartung des Börsengangs seines Unternehmens im Treppenhaus seiner Firmenzentrale eine Rakete aus Metall aufstellen.

Auf dieser Rakete sollten die darin installierten Bildschirme die aktuellen Börsen-
kurse des Unternehmens anzeigen. Der Börsengang misslang jedoch und führte
zu einer existenziellen Krise seines Unternehmens. Die Rakete blieb jedoch als
eine Art Mahnmal stehen, um an die Fehlentscheidungen von damals zu erinnern.

Die Botschaft von Symbolen ist eindeutig. Misserfolg gehört unausweichlich
zum Geschäftsleben dazu. Aber auch für Fehler mit geringeren Konsequenzen
können Symbole durchaus sinnvoll sein. Viele IT-Start-ups, beispielsweise haben
zentrale Pinboards installiert, an denen alle Fehler im Produkt verzeichnet sind.
Wer einen Fehler in der Software findet, darf diesen auf das Pinboard schreiben
und derjenige, der ihn behebt wieder davon entfernen. Auf diese Weise entsteht
ein erhöhtes Fehlerbewusstsein bei allen Beteiligten, da jeder motiviert ist Fehler
nicht nur zu finden, sondern auch zu beheben.

Rituale und Routinen

Während Symbole oder Geschichten eher unterschwellig auf Organisationsmitglieder wirken, ermöglichen es Rituale und Routinen gezielt Impulse für einen
konstruktiven Umgang mit Misserfolg zu setzen. Bereits in den frühen 1990ern
hat ein BMW-Werk auf sich aufmerksam gemacht, welches regelmäßig den
„Kreativen Fehler des Monats" ausgezeichnet hat (Kriegesmann et al. 2005).
Die Botschaft dieser Auszeichnung war, dass Misserfolge fester Bestandteil des
Entwicklungsprozesses sind und kreative Fehler auch honoriert werden. Dies ist
jedoch keinesfalls gleichzusetzen mit einer Glorifizierung des Misserfolgs.

Ein vergleichbares Ritual findet auch bei einem Pharmaunternehmen Anwendung. Die Entwicklung von Medikamenten ist aufgrund umfangreicher Tests und
Wirkungsstudien nicht nur sehr zeitaufwendig, sondern auch äußerst kosteninten-
siv. Je früher demnach ein fehlerhaftes Medikament identifiziert wird desto besser. Um Mitarbeiter dafür zu sensibilisieren, veranstaltet dieses Unternehmen sog.
„Failure Partys". Diese informellen Treffen ermöglichen den offenen Austausch
von Erfahrungen und senken zudem auch die Hemmschwelle der Mitarbeiter
Fehler offen anzusprechen.

▶   **Auf den Punkt** Etablieren Sie mittels Geschichten, Symbole oder Ritu-
    ale und Routinen ein Fehlergedächtnis, welches positiven Misserfolg
    aus der Vergangenheit anerkennt.

Was Sie aus diesem *essential* mitnehmen können

- Misserfolg ist eine Vorbedingung des Erfolgs.
- Effektives Failure Management für Innovation und Corporate Entrepreneurship zielt darauf ab exploratives Verhalten zu fördern, einen lösungsorientierten Umgang mit Fehlern zu verankern und die Verbreitung von Lernerfahrungen zu ermöglichen.
- Es gilt frühzeitig Rahmenbedingungen zu schaffen, die ein geeignetes Umfeld dafür schaffen, dass Fehler thematisiert und die Angst vor Fehlern minimiert. Auch die entsprechenden Fähigkeiten zum effektiven Umgang mit Misserfolg können bereits vorab trainiert werden.
- Ist Misserfolg eingetreten, unterbinden Sie Schuldzuweisungen und richten Sie Ihre gesamte Aufmerksamkeit und die Ihrer Kollegen auf die Fehlerbehebung.
- Sehen Sie Misserfolg als Teil Ihrer Unternehmenskultur, indem Sie Misserfolg aus der Vergangenheit und die daran beteiligten Personen anerkennen. Besonders geeignet dazu sind Geschichten, Symbole sowie Rituale und Routinen.

© Springer Fachmedien Wiesbaden GmbH 2017
C. Mandl, *Vom Fehler zum Erfolg,* essentials,
DOI 10.1007/978-3-658-18261-8

Literatur

Danner, J. & Coopersmith, M. (2015). The Other "F" Word: How Smart Leaders, Teams, and Entrepreneurs Put Failure to Work. Hoboken, New Jersey: Wiley.

Global Entrepreneurship Monitor (2016). Global Entrepreneurship Monitor (GEM) – Global Report 2015/2016. http://www.gemconsortium.org/report/49480. Zugriff am 14. Dezember 2016.

Hajizadeh-Alamdary, D. & Kuckertz, A. (2015). Corporate Entrepreneurship als neues Unternehmertum? Warum große Unternehmen externe Innovationsimpulse suchen und sich mit kleinen Startups vernetzen. In Keuper, F. & Schomann, M. (Hrsg.): Entrepreneurship heute – unternehmerisches Denken angesichts der Herausforderungen einer vernetzten Wirtschaft. Berlin: Logos, 4–25.

Keese, C. (2014). Silicon Valley: Was aus dem mächtigsten Tal der Welt auf uns zukommt. München: Albrecht Knaus Verlag.

Kibler, E., Mandl, C., Kautonen, T. & Berger, E. S. (2017). Attributes of legitimate venture failure impressions. Journal of Business Venturing, 32(2), 145–161.

Kriegesmann, B., Kley, T. & Schwering, M. G. (2005). Creative errors and heroic failures: capturing their innovative potential. Journal of Business Strategy, 26(3), 57–64.

Kuckertz, A. & Röhm, P. (2015). Controlling für mehr Unternehmergeist?. Controlling & Management Review, 59(4), 34–43.

Kuckertz, A., Mandl, C. & Allmendinger, M. (2015). Gute Fehler, schlechte Fehler – wie tolerant ist Deutschland im Umgang mit gescheiterten Unternehmern? Stuttgart: Universität Hohenheim. Online verfügbar unter www.neue-unternehmerkultur.de

Mandl, C., Berger, E.S. & Kuckertz, A. (2016). Do you plead guilty? Exploring entrepreneurs' sensemaking-behavior link after business failure. Journal of Business Venturing Insights, 5, 9–13.

Reason, J. (1990). Human error. Cambridge: Cambridge University Press.

Ries, E. (2011). The lean startup: How today's entrepreneurs use continuous innovation to create radically successful businesses. New York: Crown Business Publishing.

Rimsa, M. (2006). Fehlermeldung mit System. In: Hölscher, T. (Hrsg.): Personalpraxis in der stationären Altenpflege. Stuttgart: Raabe Verlag, 3–21.

Sarasvathy, S.D. (2008). Effectuation: Elements of entrepreneurial expertise. London: Edward Elgar Publishing.

© Springer Fachmedien Wiesbaden GmbH 2017
C. Mandl, *Vom Fehler zum Erfolg*, essentials,
DOI 10.1007/978-3-658-18261-8

Schwaber, K. (2004). Agile project management with Scrum. Redmond: Microsoft press.

Thomann, G., Wehner, T., & Clases, C. (2016). Scheitern in der Führung. In Kunert, S. (Hrsg.): Failure Management. Berlin: Springer, 95–117.

Van Dyck, C., Frese, M., Baer, M. & Sonnentag, S. (2005). Organizational error management culture and its impact on performance: a two-study replication. Journal of Applied Psychology, 90(6), 1228–1240.